PIERRE BONNARD
Photographe

PIERRE BONNARD
Photographe

par Françoise Heilbrun et Philippe Néagu

Préface d'Antoine Terrasse

avec 270 reproductions en noir
et 16 en quatre couleurs

Philippe Sers
Réunion des Musées nationaux
Paris 1987

Cet ouvrage, réalisé à l'occasion de l'exposition
Bonnard photographe au Musée d'Orsay, a pu voir le jour grâce à la
sollicitude et à la générosité des enfants de Charles Terrasse — Antoine,
Jean-Jacques et Michel Terrasse, et Françoise Vasiljevic — qui ont
mis à notre disposition le fonds photographique de Bonnard pour cette
manifestation et en ont fait don sous réserve d'usufruit au Musée. Notre
gratitude s'adresse tout particulièrement à M. Antoine Terrasse, écrivain
et historien d'art, dont la parfaite connaissance de Bonnard,
l'enthousiasme pour ce projet, ainsi que l'aide amicale et constante nous
permettent de présenter aujourd'hui ces images.

Les auteurs.

Remerciements

   L'impression des planches en pleine page de cet album et celle des illustrations du catalogue ont été réalisées à partir d'épreuves modernes provenant des négatifs originaux de Pierre Bonnard chaque fois que la chose a été possible.
Ces épreuves ont été tirées par M. Yvon Le Marlec, à l'exception de celles utilisées pour les planches 61 et 81 à 84 pour lesquelles M. Jean-Jacques Sauciat, du laboratoire photographique du Musée d'Orsay, est intervenu.
   En l'absence des négatifs de l'artiste, des épreuves modernes reproduisant les tirages anciens du fonds Bonnard ont servi à l'impression (planches 62 à 80 et les 2/3 des illustrations du catalogue).
Ce travail de reproduction a été assuré par M. Patrice Schmidt, du laboratoire photographique du Musée d'Orsay, assisté de MM. Alexis Brandt et Jean-Paul Pinon.
   Les épreuves modernes présentées à l'exposition du Musée d'Orsay ont été tirées par M. Jean-Jacques Sauciat.
   Les épreuves modernes utilisées pour les planches de l'album et celles de l'exposition ont été retouchées par M. Patrice Schmidt.

Les auteurs tiennent à remercier au titre du Musée d'Orsay :
Guy-Patrice Dauberville, Monsieur et Madame Prouté, Dianne Cullinane, Marie-Agnès Le Bayon, Hélène Bocard, Françoise Le Coz, Michèle Rongus, Radjevi Filatriau, André Lejeune, André Fourcade et Laurent Stanich, B. Gaudichon, M.-A. Anquetil, Béatrice Rosenberg, Brigitte Vincens, Françoise Garcia.

Préface

L'importance de ce carré ou de ce rectangle − de ces quatre angles droits à l'intérieur desquels se compose la "prise de vue"... Ce sont eux qui déterminent la composition d'une photographie. Ombres, lumières, attitudes des personnages en dépendent dans leur équilibre.

L'œil, la vision n'embrassent que des fragments. A moins de contempler, de loin, une étendue. Mais, ici, ce qui est dans la rue, dans une pièce, sur une place, dans un jardin, devant une cathédrale ou une usine, c'est le détail, c'est bien le fragment. Et ceci dans une rencontre subreptice du temps et de l'espace, d'une fraction de seconde et d'un point de l'espace, qui crée sous le regard comme une apparition. Ni les bâtisseurs des cathédrales, ni les architectes, ni les ingénieurs, ni ceux qui ont tracé les voies de chemins de fer n'ont songé à ces vues que seul découvre soudain le regard d'un spectateur. Ces vues sont des conséquences. *Ainsi inspirée, la "prise de vue" photographique elle-même est une conséquence, admirable ou non, selon la perception visuelle de celui qui l'a opérée. La photographie est un art dans la mesure où celui qui la pratique apporte à notre vision et à notre esprit une émotion nouvelle.*

Pierre Bonnard insistait sur la vision mobile *et* changeante *de l'homme. Les émulsions étant devenues elles-mêmes extrêmement sensibles, la photographie* s'est rapprochée de cette vision pour la transcrire. Elle est devenue la mémoire du photographe dans l'instant où il voit. Elle capte les visages à partir des visages, les objets à partir des objets : s'inscrivant sur la pellicule, la lumière révèle la vie à partir de la vie. Son artifice se nourrit du réel. Telle figure fixée d'elle-même à la lumière acquiert ainsi, lorsque le modèle a disparu, une valeur de résurrection. Grâce à cette présence quasi magique, la photographie semble traduire le mieux aujourd'hui ce qui appartient en commun aux hommes, qu'il s'agisse des grandes peines et des grandes détresses — guerres, misère, famine — ou de la simple splendeur de vivre. Il suffit de songer ici aux reportages de Cartier-Bresson, à ceux de Doisneau ou de Brassaï. Elle a, dirait-on, repris à la peinture la traduction des sentiments universels.

Mais seule la peinture peut donner corps à tout un monde qui nous hante. Celui des images qui se créent dans le rêve, dans l'inspiration passagère. Dans le souvenir, et le secret du souvenir, dans la transformation de la mémoire. C'est le domaine de ce que, depuis toujours, l'homme tire de son propre fonds. Celui des chevaux ailés d'Odilon Redon et des paysages fabuleux de Gauguin, des correspondances et des analogies. De toutes les formes inventées. Entre la pensée et l'œuvre se sont glissés encore ici l'assurance ou le tremblement de la main, l'hésitation ou le repentir...

Rien ne donne mieux l'idée de la spécificité de ces approches que la confrontation chez un peintre entre les photographies qu'il a pu prendre et ses tableaux. Les photographies de Bonnard confirment la liberté merveilleuse de son regard. Le peintre, si avide d'expression personnelle, devait s'étonner aussi de ce moyen de transmission qui saisit l'instant dans l'instant, arrête le mouvement en vol, capture tout — toits, feuillages ou jeux d'enfants — bref, dévore tout entière une proie qu'il rend intacte... tout en y ayant imprimé la sensibilité d'une vision.

La photographie, elle également, est une "surface plane". Elle possède avec la peinture ce même recul par rapport à la réalité. Toutes deux vivent d'une vie propre, et possèdent chacune sa magie.

Antoine Terrasse

Introduction

Cet ouvrage est la première monographie consacrée aux photographies du peintre Pierre Bonnard ; jusqu'ici, quelques images seulement avaient été présentées lors de manifestations ayant trait à la photographie des peintres en général [1]. Lors de la grande exposition Bonnard qui s'est tenue à Paris au Musée national d'Art moderne en 1984, un chapitre du catalogue, signe des temps, concernait l'activité photographique de l'artiste, et le texte de Jean-François Chevrier [2] était bien le premier essai touchant cet aspect de son œuvre [3]. Les images ne furent pas alors exposées, mais certaines d'entre elles étaient mises en rapport avec quelques peintures dans le catalogue.

Outre la découverte de très nombreuses images nouvelles, un catalogue qui se veut complet des photographies de Bonnard provenant du fonds de la famille de l'artiste, avec une datation plus rigoureuse des images et une identification plus poussée de leur sujet, cet ouvrage et l'exposition organisée par le Musée d'Orsay offrent une confrontation entre photographies, œuvre graphique et peintures, ainsi qu'une réflexion sur l'art du photographe. Car, si Bonnard n'a jamais eu l'ambition d'être un artiste dans ce domaine, il n'en a pas moins démontré la force et l'originalité de sa vision. Présenter les photographies de Bonnard, ce n'est donc pas sacrifier à l'anecdote, car celles-ci sont passionnantes à plus d'un titre : pour les amateurs de peinture, à cause des liens étroits qu'elles entretiennent avec l'art du peintre, et pour les amateurs de photographie, car ils découvriront là un aspect majeur de la photographie d'amateur qui s'est épanouie dans les années 1880-1890, avec l'avènement de l'instantané, un phénomène qui a touché beaucoup d'artistes. Ces images montrent que la qualité du regard en photographie, nourrie comme elle le fut ici par une forte vision de peintre, est certainement plus importante que la maîtrise technique.

Pierre Bonnard a pratiqué la photographie en amateur dès le début des années 1890, semble-t-il, et en cela il n'a fait que suivre un mouvement général, répandu dans tous les milieux et notamment chez les peintres, de Degas et Toulouse-Lautrec à Vuillard, sans oublier Munch et Breitner, ainsi que les écrivains, de Zola à Strindberg. Dans les années 1880, en effet, la technique s'était peu à peu considérablement simplifiée, se mettant virtuellement à la portée de tous. Les appareils s'étaient allégés, les négatifs étaient préparés industriellement, le temps de pose avait atteint un cinquantième de seconde ; l'invention la plus révolutionnaire fut à coup sûr celle des appareils portatifs du type Kodak, mis sur le marché en 1888,

(1) Cf. E. Billeter.
(2) J.F. Chevrier, 1984.
(3) Cf. p. 146, la liste des photographies reproduites dans les ouvrages antérieurs.

dont les négatifs sur film souple, d'un format très réduit, permettaient de capter l'instantané. C'est évidemment cela qui a intéressé Vuillard et Bonnard, alors que Degas, qui s'était mis à la photographie dès 1884, et qui était également captivé par l'expression de l'instantané — sa peinture le prouve suffisamment — avait une approche assez différente car il se montrait plus curieux de décomposer le mouvement et de le mimer ; il opérait encore avec un pied et des plaques de verre dans les années 1890, dans des intérieurs fortement éclairés.

On conçoit aisément que Bonnard et Vuillard, dont les estampes et les tableaux offraient alors une stylisation des aspects les plus fugitifs de la vie quotidienne, aient été eux aussi attirés par la prise de vue instantanée. André Lhote n'a-t-il pas qualifié Bonnard de "reporter céleste" [4] ? Et ce dernier n'écrivait-il pas dans ses carnets : "Il s'agit de se souvenir de ce qui vous a saisi et de le noter le plus vite possible" [5].

Par ailleurs, le souci des nabis — lié aux conceptions de l'Art nouveau, alors dans son plein épanouissement — de pratiquer un art populaire, un art de la rue, ne pouvait que développer leur curiosité pour les techniques en marge de la peinture et de la sculpture, pour les arts du multiple et de la décoration [6]. Quoi de plus simple alors que de passer de l'estampe, de l'affiche, du vitrail et du mobilier, domaines dans lesquels ils ont tous aimé travailler, à la photographie ?

Il semble bien que Bonnard, tout comme Vuillard, n'était pas seulement de ces amateurs qui pratiquèrent la photographie pour garder la trace des instants de leur vie privée. Car la vie privée de l'artiste était aussi la matière même de son art. Il y a tout lieu de penser qu'il a utilisé la photographie non pas comme modèle pour ses tableaux, mais comme un exercice pouvant faire partie de sa méthode de travail, à l'égal du dessin, dont Bonnard écrira plus tard dans ses carnets, en une formule paradoxale : "le dessin c'est la sensation, la couleur c'est le raisonnement" [7].

A quel moment Bonnard a-t-il commencé à pratiquer la photographie ? Le portrait d'une jeune cycliste, (cat. 1) Berthe Schaedlin, cousine de Bonnard, est la première photographie de Bonnard qui nous soit parvenue et daterait du début des années 1890. Comment expliquer alors le grand vide séparant cette image de la suite de la production photographique de l'artiste, qui commence à s'intensifier et à prendre forme à partir de 1898 ? Bonnard, mécontent de ses premiers essais, trop médiocres à son goût, n'en aurait-il gardé que quelques exemples pour des raisons sentimentales [8] ? Ou bien la plupart de ses premières photographies auraient-elles été perdues au cours de ses nombreux déménagements ? On peut s'étonner aussi que Bonnard, dont un thème de prédilection en peinture et en gravure fut pendant les années 1894 à 1899 les scènes de la vie

parisienne, ne se soit pas alors servi de son appareil instantané pour saisir de telles scènes, comme allaient le faire à peu près au même moment Henri Rivière, Emile Zola, et beaucoup d'autres amateurs restés inconnus, alors que tout dans le procédé l'y invitait !

Bonnard, il est vrai, n'a pratiqué la photographie que dans un cadre strictement familial et amical. Tous ses sujets, en dehors de quelques rares modèles d'atelier anonymes à partir de 1905 (cf. chapitres 21 et 26) ne mettront en scène que ses intimes.

A partir de 1905, ses photographies vont se différencier et se raréfier, à moins que, là encore, une partie d'entre elles ait disparu. Peu avant 1920, le peintre semble avoir abandonné le médium, comme la plupart des autres peintres venus à la photographie au même moment que lui, dans les années 1890.

Est-ce Vuillard qui a entraîné Bonnard à pratiquer la photographie ? On serait tenté de le croire car l'intérêt de Vuillard pour le médium était beaucoup plus marqué — il développait ses images chez lui et les faisait tirer par sa mère [9] — mais rien ne le prouve néanmoins. Il n'est même pas sûr que le goût de Degas pour la photographie ait été une incitation pour Bonnard, car c'est surtout après 1900 que l'ascendant du premier sur le second se manifestera. Par son beau-frère Claude Terrasse, très lié à Louis et Auguste Lumière à Lyon, Bonnard connaissait aussi les futurs inventeurs de l'autochrome et du cinéma, qui furent d'ailleurs souvent reçus dans la propriété familiale du Grand-Lemps, dans le Dauphiné. Mais à vrai dire à l'époque où Bonnard aborda la photographie, l'engouement qu'elle suscitait était tel qu'il n'était bien sûr pas nécessaire pour un peintre d'avoir cet illustre patronage pour s'y intéresser.

Voilà en effet ce qu'écrit Thadée Natanson à Mallarmé lors d'un séjour à Etretat-Les Mauves au cours de l'été 1894 ou 1895 : "Car à peine quelques mioches et deux ou trois nageuses célèbres font trempette tout habillées, sautent sur les galets, plongent ou se secouent pour la joie des toilettes venues au spectacle, et des Kodak de tous modèles avalant d'un petit coup sec des provisions de motifs qu'on pourra faire admirer [10]".

A Villeneuve-sur-Yonne, dans la maison de campagne des Natanson, amis et mécènes de Bonnard, Alfred Natanson, le frère de Thadée, était d'ailleurs l'un des premiers à photographier leurs réunions amicales.

On peut s'étonner qu'il n'ait jamais été fait mention avant la fin des années 1970 de l'intérêt de Bonnard pour la photographie, alors que par exemple un goût semblable chez Degas était bien connu des contemporains. Or, l'œuvre photographique de Bonnard n'est pas moins intéressant que celui de Degas. Il est vrai que les mises en scène laborieuses que ce dernier imposait à ses modèles lorsqu'il voulait les portraiturer ne risquaient pas de passer inaperçues ; il est vrai aussi que Degas devait attacher beaucoup plus de prix à ses photographies, lui qui prenait la peine de faire réaliser des agrandissements par Tasset pour les offrir à ses amis. Rien de tel chez Bonnard, qui ne semble pas avoir essayé de tirer lui-même ses négatifs ou de surveiller les travaux de développement et de tirage ;

(4) A. Lhote, "Bonnard", *Formes et Couleurs*, 1944, cité par Ph. Le Leyzour, p. 31.

(5) Note de Bonnard, rapportée par A. Terrasse, 1977, p. 1.

(6) C. Frèches-Thory, 1986, p. 23, insiste sur cet aspect de l'art nabi, sans faire allusion d'ailleurs à la photographie.

(7) Note de Bonnard, rapportée par A. Terrasse, 1984, p. 178. Cf. note 21.

(8) Il est possible que les deux photographies de chat prises au Grand-Lemps en intérieur (cat. n° 42 et 43) soient également antérieures à 1898.

(9) Cf. A. Vaillant et J. Salomon, p. 15.

(10) Lettre citée dans Arthur Gold et Robert Fizdale, *Misia*, Paris, 1981, p. 75.

du moins ne reste-t-il pas de source familiale à ce sujet comme pour Vuillard [11]. Par ailleurs, chez Degas, il est évident que tout ce que son œuvre dessiné et peint, antérieur à sa pratique de la photographie, devait chez l'artiste à une sorte de méditation sur la vision photographique a contribué à attirer l'attention des critiques sur sa propre expérience de la photographie.

Bonnard, déjà avare de confidences sur son travail de peintre, qu'il a réservées à ses carnets intimes — lesquels n'ont été conservés que pour les années 1927 à 1947, donc bien après qu'il eut abandonné la photographie — l'était à plus forte raison sur son activité de photographe, qu'il a toujours considérée comme secondaire. Ce qui n'a pas empêché celle-ci de faire pendant une courte période, de 1898 à 1905, sinon 1916, réellement partie de son travail, et surtout d'exprimer elle aussi, à sa manière, la vision créatrice de l'artiste.

Vuillard non plus ne semble pas avoir attaché d'importance à la valeur artistique de sa remarquable production de photographe ; mais il manifestait pour ce passe-temps un goût beaucoup plus affirmé que le discret Bonnard, sans aller pour autant jusqu'à dire, comme Zola, qu'on ne voit bien que ce que l'on a photographié [12], ou jusqu'à souhaiter comme Strindberg de voir publier ses images [13]. Si bien qu'en 1963, à l'époque où dans certains milieux artistiques on commençait timidement à parler de photographie comme d'un moyen d'expression artistique, des familiers du peintre, Jacques Salomon et Annette Vaillant, purent rassembler leurs souvenirs sur cet aspect anecdotique de la vie du peintre.

C'est justement à propos de "Vuillard et son Kodak" que Jacques Salomon rapporte ces paroles que l'on prête à Bonnard concernant la photographie : "Un matin que je rapportais à Vuillard un entretien que j'avais eu avec Bonnard au sujet de la photographie en couleurs dont certains résultats l'émerveillaient et même semblaient le troubler, Vuillard, qui savait combien son ami aimait se montrer paradoxal, me répondit sans lâcher son pinceau que la peinture a sur la photographie l'avantage d'être faite à la main" [14]. On ne sait pas très bien en effet comment il faut interpréter ces propos de Bonnard — qui ont sans doute été tenus dans les années 1920-1930. Est-ce une boutade, ou une réflexion de sa part plus sérieuse qu'il n'y paraît ?

En définitive, puisque Bonnard n'a pas voulu parler de ses propres photographies, nous n'avons plus qu'à les laisser s'exprimer elles-mêmes.

C'est donc vers 1898 que la pratique de la photographie s'affirme chez Bonnard, non dans le sens d'une attention plus grande portée à la perfection du développement et du tirage — il ne s'y intéressera jamais vraiment — mais d'une maîtrise suffisante de la technique pour lui permettre d'exprimer en toute liberté cette vision propre qui était déjà la sienne en

peinture, et qui le distingue à jamais des innombrables photographes amateurs dénués du moindre regard.

Si la gracieuse effigie de la cycliste (cat. n° 1) ne peut guère prétendre rivaliser avec les arabesques inventives de peintures telles que *Les Femmes au jardin* ou *La Partie de croquet* (cf. chapitre 1) qui mettent en scène le même modèle à la même époque, et si les trois enfants Terrasse debout derrière une table de salle à manger (cat. 2), image touchante mais assez raide, paraît bien maladroite en regard de toute la série de repas d'enfants que Bonnard a peinte dans les années 1894 à 1899 [15], on remarquera à partir de la série d'images prises à Noisy-le-Grand en 1898 et 1899, des enfants Terrasse et de la grand-mère Mertzdorff (cat. n°s 3 à 38), une autorité dans la façon de camper les personnages et de traiter la lumière qui permet de parler d'un véritable style chez Bonnard photographe. Manifestement, il y a une parenté très forte entre la vision et le style des photographies de l'artiste et ceux de son œuvre peint, dessiné ou gravé.

Cette parenté se manifeste d'abord dans les thèmes abordés. D'une façon générale, les thèmes privilégiés de l'art de Bonnard, en photographie comme en peinture, ont trait à la vie quotidienne, familiale et intime, et à partir de 1907 ces thèmes prendront dans ses tableaux un caractère cosmique. Inversement, certains domaines ne sont pratiquement pas abordés en photographie : le paysage, par exemple, souvent très présent dans les images, n'est jamais traité pour lui-même, mais comme cadre d'une scène animée ; et la nature morte, quant à elle, est complètement absente.

Dans la peinture de Bonnard, effectivement, le paysage pur, comme la nature morte, seront relativement rares durant la période nabi, alors qu'ils deviendront les thèmes de prédilection de l'art de sa maturité. De même le portrait à proprement parler est très rare dans les multiples prises de vue que Bonnard a réalisées de sa compagne, de ses amis, de ses neveux ou de lui-même ; comme il l'est dans ses tableaux, si l'on excepte quelques bouleversants autoportraits. Bonnard cherche non pas à exprimer la personnalité individuelle de ses modèles en reproduisant fidèlement leurs traits, ou en fouillant l'expression de leurs visages, mais, comme il a tant aimé le faire pour les chats, il capte leur "âme", en les regardant évoluer dans toute la vivacité de leurs gestes, la grâce de leurs mouvements, la sensualité de leur attitude. Pour lui, comme pour Proust à qui on l'a si souvent comparé, et dont il connaissait parfaitement l'œuvre, un personnage est la somme de ses différentes "apparitions". Et la photographie est justement là pour témoigner de cette apparition.

En revanche, la rareté dans les photographies de Bonnard des scènes d'intérieur, représentées seulement par deux images magistrales (cat. 214 et 222), alors qu'elles sont si abondantes dans sa peinture ou ses premières lithographies, est due certainement à des raisons d'ordre purement technique : Bonnard n'a sans doute pas voulu admettre les contraintes auxquelles s'est soumis Degas dans ses photographies d'intérieur, où la faible luminosité le forçait à "organiser l'instantané" ; il voulait au contraire pouvoir le capter sur le vif en toute liberté. Est-ce pour cela que le thème si cher à Bonnard en peinture de la

(11) Par ailleurs la famille a conservé quelques enveloppes de développement ou tirages de chez Kodak contenant encore ceux des nus de Marthe.

(12) Zola, entretien paru dans *Photominiature*, n° 21, décembre 1900, p. 396.

(13) Cf. Catalogue de l'exposition "Strindberg", Stockholm Kulbterurhufet, 15 mai-4 octobre 1981.

(14) J. Salomon et A. Vaillant, p. 19.

(15) Cf. Dauberville 69, 106, 177, 206.

table servie n'apparaît que dans une photographie, mais non la moindre, prise en extérieur (cat. n° 99) ?

Les plus remarquables photographies instantanées contemporaines de celles de Bonnard sont d'ailleurs des scènes de plein air. Vuillard, cependant, a très bien su contourner le problème technique posé par les scènes d'intérieur et elles sont assez nombreuses chez lui. Mais Vuillard est un photographe plus statique que Bonnard, et, comme Degas, compense l'absence de mouvement réel par le dynamisme de ses mises en page.

A partir de 1899, Bonnard traitera dans ses photographies sous forme de séries, des sujets qui apparaissent au même moment dans ses peintures, traités également en séries : scènes familiales au Grand-Lemps ou scènes intimes, qui toujours sont relatives aux loisirs. Cela est frappant notamment dans les scènes de baignade des enfants Terrasse, dans les bassins du Grand-Lemps qui inspireront à Bonnard en 1899 une quinzaine d'images photographiques et pas moins de trois tableaux (cf. chapitre 5), ou dans les scènes de cueillette de fruits, également dans le jardin du "Clos", qui donneront naissance vers la même époque à autant de photographies que de tableaux (cf. chapitre 8).

Mais c'est surtout avec les séries de nus en intérieur ou en extérieur que Bonnard a réalisés de sa compagne Marthe, toujours à la même époque (cf. chapitres 11 et 12), qu'il y aura une véritable symbiose entre photographie et estampe chez Bonnard, de caractère assez exceptionnel il est vrai (voir plus loin). Car dans l'ensemble les compositions ne se répètent pas d'une technique à l'autre, en particulier de la photographie à la peinture ; elles procèdent seulement d'un même sentiment et d'une même curiosité à l'égard d'un thème dont Bonnard se plaît à renouveler indéfiniment l'expression formelle. De sa croisière avec Marthe sur le yacht de Misia et d'Edwards, l'*Aimée*, en juillet-août 1906, Bonnard rapportera un carnet de croquis et une série d'instantanés photographiques (cf. chapitre 23), dont on ne retrouve aucun motif dans le tableau qu'il exécutera sur ce sujet la même année (planche XIV). De même, pour peindre vers 1916 dans son atelier le modèle dont il réalise en même temps quatre études photographiques (cf. chapitre 26), il choisit des poses et une mise en page très différentes : dans ses tableaux, il se concentre sur la figure, alors que les photographies mettaient l'accent sur le cadre géométrique enserrant la silhouette, suivant là un schéma qu'il a beaucoup utilisé dans sa peinture.

Bonnard était d'ailleurs trop peintre pour ne pas sentir les dangers d'une utilisation systématique de la photographie ; son activité de photographe se développe donc parallèlement à celle du dessinateur et du peintre. Même à l'époque nabi, celle où il a produit la plupart de ses photographies, Bonnard a peint, est-ce la peine de le préciser, beaucoup de sujets qu'il n'a jamais photographiés. Mais nombreuses seront aussi les photographies dont il n'a pas cherché à utiliser dans ses peintures les abondantes trouvailles formelles : par exemple la série de Noisy-le-Grand (cf. chapitre 3) dont seulement quatre ou cinq images sont en rapport avec des tableaux, ou l'extraordinaire série de la baignade des enfants de 1903 (chapitre 19).

Si Bonnard a le plus souvent répugné à réutiliser les

motifs de ses photographies dans son œuvre peint, quelques exceptions prouvent cependant de façon irréfutable que l'artiste regardait ses propres photographies, et qu'il les a intégrées à l'occasion dans son œuvre de peintre et d'illustrateur. Le tableau intitulé *Les trois enfants nus* (fig. 3), qui présente le caractère d'une étude plutôt que d'une composition finie, est manifestement en rapport avec trois photographies prises par Bonnard à Noisy-le-Grand en 1898 ou 1899 (cat. n° 26, et surtout 25 et 27), montrant Charles, Robert et Jean Terrasse formant une ronde. L'artiste n'a retenu des photographies que le motif des corps nus dansant qui se détachent sur la pelouse. Il est possible que par ailleurs ce même sujet lui ait inspiré quelques dessins que nous ne connaissons pas. Bonnard a ici amalgamé de façon frappante, tout en les transformant, les attitudes successives des silhouettes qui dansent pour obtenir un motif unique, à la fois proche des photographies et différent d'elles. Nous avons là un très bon exemple de la façon dont Bonnard enregistre l'instantané dans sa peinture.

A la différence des impressionnistes, "il ne peint pas *sur nature,* ainsi que le remarquera André Lhote dès 1944, la mémoire joue un rôle fondamental, la vision du monde, aussi éblouissante soit-elle, est intériorisée, intellectualisée parfois. Il s'opère une sorte de *décantation de la mémoire,* pour reprendre la belle formule de Jean Clair" [16]. De là vient la comparaison entre Proust et Bonnard que ce dernier développe : "... le projet de Bonnard était de se laisser envahir par [le moment] pour plus tard le faire renaître à l'occasion". [17] Nous avons encore un autre exemple de cette importance du rôle de la mémoire avec le joli livre publié par Tériade en 1944 dans lequel Bonnard nous trace un tableau remarquablement frais et comme pris sur le vif de la vie au Grand-Lemps en des lettres forgées par lui cinquante ans plus tard (cf. chapitres 5 et 8).

Dans les nus que Bonnard a peints de sa compagne Marthe vers 1900 (cf. planche X), il a remarquablement assimilé et intériorisé les motifs des photographies très intimes qu'il a prises d'elle à ce moment et qui étaient elles-mêmes imprégnées par sa vision de peintre. L'admirable photographie de Marthe s'épongeant, accroupie dans un tub (pl. XV), qui évoque irrésistiblement Degas et que l'on peut dater des environs de 1907-1910, fait partie, elle aussi, avec bon nombre d'études de nus accroupis au tub dessinées vers 1912, de l'histoire de sept tableaux sur ce même thème, peints entre 1913 et 1924 (cf. chapitre 24). En regardant attentivement ces toiles, il paraît indubitable que la photographie a servi à Bonnard de référence pour développer son imagination car chacune d'elles présente au moins une analogie caractéristique avec cette image : la construction de l'ensemble (cf. pl. XV) ou un détail bien précis tel le geste d'un bras ou d'une jambe, la pointe dressée d'un sein (cf. surtout Dauberville 886, 2130 et 2131).

Que Bonnard ait assimilé à l'occasion la photographie à un dessin, on le comprend en voyant qu'il s'est permis dans son œuvre graphique de reprendre presque littéralement les motifs de certaines de ses photographies, ce qu'il a toujours pris soin d'éviter dans sa peinture. Ainsi la couverture imaginée

(16) Ph. Le Leyzour p. 31.

(17) J. Clair, 1975, cité par Ph. Le Leyzour, p. 31.

par lui pour le livre de René Boylesve : *La Leçon d'amour dans un parc* (pl. VI) nous montre-t-elle son neveu Charles Terrasse tel qu'il l'a saisi en 1899, au sortir d'un bain au Grand-Lemps (pl. 72). Bonnard s'est contenté de changer le contexte – Charles est devenu un amour décorant une fontaine – et de modifier le geste du bras, plus savoureux d'ailleurs dans la photographie que dans le dessin.

Mais ce sont les lithographies réalisées de 1899 à 1902 par Bonnard à la demande de Vollard pour illustrer le *Parallèlement* de Verlaine et le *Daphnis et Chloé* de Longus qui nous offrent les analogies les plus insistantes et les plus nombreuses entre photographie et estampe : dans la pastorale de Longus, pour évoquer l'instant où Chloé apparaît pour la première fois nue devant Daphnis (pl. IV), Bonnard reprend sans variante aucune – ce sera l'unique fois où il le fera – une photographie de Marthe prise dans le jardin de leur maison de Montval en 1900 (pl. 5). A son tour c'est lui, Bonnard, tel que Marthe l'avait représenté, certainement sur ses indications au cours de la même séance de prises de vue, qui figure avec quelques légères variantes, tantôt assis, tantôt debout et vu de dos, un Daphnis couronné de violettes par l'amoureuse Chloé (pl. 15 et pl. V) ou disposant la dépouille d'un bouc en l'honneur de Pan. Et la planche montrant Lycenion allongée dans les bras de Daphnis et l'initiant aux rites de l'amour (fig. 9) s'inspire très étroitement d'un nu de Marthe étendue sur son lit (cat. 115) qui fait partie d'une autre série consacrée à Marthe et prise cette fois dans leur appartement parisien en 1899-1900 (cf. chapitre 11), série qui servira surtout de modèle aux lithographies de *Parallèlement.*

Dans les illustrations des poèmes de Verlaine, la jeune femme de "Limbes" (pl. II) amalgame sans les transformer deux photographies montrant Marthe tantôt dressée sur ses coudes et contemplant son corps (pl. 17), tantôt enserrant de ses bras ses genoux repliés (cat. 109). Dans "l'Eté" et "Allégorie" (pl. III), c'est Marthe encore, assise et vue de dos (pl. 16). Si l'on peut dater les nus en intérieur en relation avec les illustrations de *Parallèlement* auxquelles on sait que Bonnard travaillait "d'arrache-pied" en 1899 [18], il est sûr, en revanche, que la série de nus exécutés dans le jardin de Montval date de 1900 ou 1901 (cf. chapitre 12), c'est-à-dire après que Bonnard eut reçu la commande de *Daphnis* en septembre 1900. De là à imaginer que Bonnard ait exécuté cette série de nus en songeant aux illustrations de *Daphnis,* il n'y a qu'un pas qu'il est tentant de franchir. De toute façon, il semble bien qu'il y ait eu entre 1899 et 1900, époque où Bonnard peint et dessine ses nus à la sensualité la plus affirmée et exécute ses photographies les plus tendrement amoureuses, une sorte d'interpénétration entre sa vie et son art. L'artiste ne confiera-t-il pas plus tard : "J'ai évoqué à chaque page le berger de Lesbos avec une sorte de fièvre heureuse qui m'emportait malgré moi" [19] ? Cette fièvre heureuse était-elle l'expression d'un bonheur présent [20] ou l'artiste était-il en train de revivre à travers dessins, tableaux et photographies les joies amoureuses de naguère ?

Remarquons en tout cas que dans toutes ces scènes intimes autour de 1900, qui évoquent le même climat de volupté et de langueur, ce sont les nus photographiés qui montrent le plus de pudeur, de retenue et de mystère, alors que Bonnard n'a pas craint dans des techniques plus distanciées comme la peinture ou l'illustration de les charger d'un érotisme beaucoup plus exacerbé (cf. planches IX et X).

"On parle toujours de la soumission devant la nature, il y a aussi la soumission devant le tableau". [21]
"Observer la nature et chercher sur la toile en indiquant les tons : au-dessus de tout passe le climat de l'œuvre" [22].
"La fausseté, c'est de découper un morceau de nature et de le copier". [23]
"L'harmonie est un fondement plus solide que l'observation si facilement en défaut". [24]

Ces remarquables pensées de Bonnard, notées dans ses carnets à propos de la peinture, pourraient aussi bien s'accorder à la façon dont il a conçu ses meilleures photographies. Car, bien qu'il s'agisse d'instantanés pris sur le vif, elles n'en obéissent pas moins à certaines lois harmoniques et sont instinctivement construites selon la vision de l'artiste. Bonnard a lui aussi attendu ce "moment décisif" dont parlera plus tard Cartier-Bresson, où la forme et l'expression se combinent parfaitement à l'intérieur d'une même image.

Très souvent dans ses photographies les figures semblent exécuter avec le plus grand naturel ce même ballet sinueux et décoratif que l'on observait dans ses tableaux nabis tels *La Partie de croquet, Les Femmes au jardin* ou *La Femme à l'ombrelle* ; qu'il s'agisse d'Andrée Terrasse jouant avec ses enfants, de ces derniers à la sortie du bain, ou de certaines scènes de cueillette. Même les scènes de lutte entre Claude Terrasse et son ami le chanteur Henri Jacotot sont traitées comme une succession d'arabesques (pl. 64 et 65).

Dans la série des nus du jardin de Montval (cf. pl. 1 à 11), il y a une continuité presque mélodique d'une image à l'autre, comme si la série entière était conçue telle une sorte d'ouvrage lyrique ; cela arrive souvent dans d'autres séries, mais de façon plus ponctuelle.

Enfin une photographie en apparence très simple et directe, qui montre Andrée Terrasse jouant avec les animaux familiers devant les enfants (pl. 19), brosse une scène savoureuse qui fourmille de petits "événements", depuis le surprenant motif du chat qui grimpe verticalement sur la robe d'Andrée, celui de la petite fille souriante à grand chapeau, les doigts dans la bouche – d'un esprit typiquement nabi – jusqu'au ravissant détail, au premier plan, des museaux rapprochés d'un chat et d'un chien qui se flairent, traités en ombre chinoise.

(18) Lettre de Bonnard à sa mère, automne 1899, cité par A. Terrasse, 1984, p. 249.
(19) Cité par Marguerite Bouvier.
(20) Cf. J.F. Chevrier, p. 231. Ce dernier date d'ailleurs les photographies de 1894, époque où Bonnard vient de rencontrer Marthe.
(21) Carnet de Bonnard, 8 février 1939. Ces carnets sont présentés et publiés par A. Terrasse, 1984, p. 176 à 203.
(22) *Ibidem*, 14 février 1939.
(23) *Ibidem*, 23 janvier 1934.
(24) Extrait d'autres notes que Bonnard avait prises dans ses carnets, cf. J. Leymarie, p. 26.

Sans doute la vision de Bonnard photographe procède-t-elle d'abord de sa peinture, puisque celle-ci était déjà formée alors qu'il abordait à peine la photographie. La façon humoristique et très expressive de croquer la silhouette en aplat décoratif qu'il a héritée de l'art de l'estampe japonaise lui permet de rendre par exemple celle de Mme Mertzdorff assise dans le jardin de Noisy-le-Grand (pl. 20 et pl. 21), comme une grande tache sombre, informe mais d'un très bel effet plastique, ainsi qu'il l'avait déjà fait dans *La Provende des poules* (Dauberville 1725) ou *La Grand-Mère aux poules* (Dauberville 11) huit ans auparavant.

Ce regard malicieux ne l'empêche pas, et c'est là la caractéristique essentielle de sa vision, en photographie comme en peinture, de transformer le quotidien en merveilleux poétique. Pour la séquence montrant Marthe et lui-même se lavant et se séchant dans les fourrés, il confère au jardin de Montval, ce lieu qui sera par ailleurs le théâtre de loisirs paisibles et bourgeois (pl. 44 à 51), la grâce mystérieuse d'un paysage mythologique, rien que par la façon d'opposer le corps lumineux à la pénombre des feuillages et de saisir la silhouette à distance, de l'effleurer sans insister en l'enveloppant parfois d'une sorte de halo. Sans doute Bonnard était-il admirablement servi dans ses nus par la délicatesse naturelle de la fragile Marthe. Mais la traduction qu'il en donne tient essentiellement au regard qu'il posait sur elle, car dans d'autres prises de vue il a réussi au contraire à en présenter une image très différente, solide et fortement plastique (pl. 3). S'il a fréquemment recours à la vision lointaine dans ses photographies comme dans ses peintures pour alléger ses figures, il a utilisé aussi le procédé inverse du gros plan. Ce sont là d'ailleurs des mises en page propres à l'instantané qui ne connaît pratiquement pas la vision intermédiaire dans la tradition de la perspective occidentale.

Le gros plan apparaît dès 1890 dans les peintures et les estampes de Bonnard, et dès 1898 dans ses photographies ; cet artifice de construction qu'il n'abandonnera jamais est un élément de continuité dans sa peinture entre sa première et sa deuxième "manière", ainsi que dans ses photographies (pl. 25, 52, 53 ...). Il s'en sert également pour obtenir cette douceur et cette légèreté dans les contours des figures qui est le propre de sa vision aussi bien picturale que photographique.

La parenté de vision et de style *mutadis mutandis* est en effet tellement forte chez Bonnard dans sa peinture, ses estampes et ses photographies, que dans ces dernières on peut suivre l'évolution de son art, le passage autour de 1907-1908, mais dont les signes avant-coureurs apparaissent dès 1900, du style nabi, graphique et décoratif, à un style plus monumental et plastique, dans lequel le goût de l'arabesque fait place à un souci de construction plus rigoureux et qui se signale aussi par une nouvelle approche de la lumière. La photographie de *Marthe au tub* (pl. 59) est, à cet égard, une image charnière.

Bonnard a alors changé d'appareil, ses négatifs sont désormais d'un plus grand format ; il les utilise verticalement et non plus horizontalement. Ceci est en accord avec le nouveau type d'image qu'il recherche, plus statique, avec des volumes fortement marqués, alors qu'au cours de la période nabi les silhouettes se détachaient en aplat sur un fond contrasté.

Peu avant 1920, Bonnard semble bien avoir abandonné la photographie, mais déjà à partir de 1908, si l'on en juge par ce qui nous est parvenu, ses prises de vue se font beaucoup plus rares. C'est l'époque justement où il commence à devenir essentiellement un peintre de la couleur. Pourtant, si l'on ne trouve plus après 1920, et pour cause, de ces rapports formels indéniables entre son style de peinture et ses photographies antérieures, il n'est pas impossible que l'étude de la photographie à travers ses propres essais ait joué elle aussi un rôle souterrain dans l'évolution de son art, en l'occurrence dans sa nouvelle façon, tellement caractéristique, de concevoir l'espace de ses tableaux. Jean Clair est le premier à suggérer, dans son analyse de cette conception très originale de la perspective chez l'artiste, qu'à travers l'exercice de la photographie, très tôt "il avait réfléchi à la façon dont les images viennent à nous et se forment à nos yeux". [25] Le désir de Bonnard étant de montrer "ce qu'on voit d'un seul coup quand on pénètre soudain dans une pièce" [26], il ne pouvait que s'intéresser à l'instantané qui bouleverse les canons de la perspective traditionnelle et crée un espace subjectif au cœur duquel artiste et spectateurs sont solidement amarrés, au lieu de le contempler à distance. D'où ces premiers plans vides, démesurément étirés ou ces figures tronquées au premier plan que l'on retrouve constamment aussi bien dans ses photographies que dans ses tableaux, à partir de 1907, tels *La Nappe rayée* de 1921-23 repris en 1945-46 (Dauberville 1103), *Le Grand nu bleu* de 1924 (Dauberville 1272), *La Table* de 1925 (Dauberville 1310), etc.

Sans doute Degas et Cézanne avaient-ils montré la voie dans ce sens, mais chez eux, la perception de l'espace, subjective, exprime une vision qui se veut consciente. Bonnard veut aller plus loin dans le sens de l'expression d'une "vision globale" [27] et comme inconsciente dans laquelle toutes les hiérarchies perspectives soient abolies : "La découpure stricte dans la vision donne presque toujours quelque chose de faux. La composition au second degré consiste à faire rentrer certains éléments qui sont en dehors de ce rectangle" [28]. Aussi a-t-il sans doute trouvé dans les déformations de la vision photographique, ou peut-être dans certains effets cinématographiques [29], une confirmation des moyens qu'il cherchait pour figurer ce bouleversement. La silhouette démesurément étirée d'un chien qui surgit vers nous au centre d'une photographie (pl. 23), celle de Robert Terrasse marchant qui prend elle aussi des proportions gigantesques à l'angle d'une prise de vue (pl. 25), celles coupées de Claude Terrasse (pl. 32) ou de Ker-Xavier Roussel (pl. 43), qui semblent littéralement servir d'encadrement décoratif à des scènes de plein air, nous évoquent le traitement si désinvolte en apparence que Bonnard fera subir à ses personnages dans ses tableaux ultérieurs en les

(25) J. Clair, 1984, p. 25.

(26) Cité par J. Clair, 1984, p. 19.

(27) Pour la vision globale, cf. J. Clair, 1984, p. 20. Pour le "regard inconscient", l'idée est de J. Clair, 1975, reprise par P. Schneider. Cf. Ph. Le Leyzour, 1984, p. 33.

(28) Bonnard, note d'un carnet du 12 octobre 1935, cf. A. Terrasse, 1984, p. 191.

(29) J.F. Chevrier, p. 236, parle d'une influence probable des premiers films des frères Lumière sur Bonnard.

déformant, les découpant, ou les reléguant systématiquement aux angles de la composition. Ainsi, entre autres, dans *En barque* de 1907, du Musée d'Orsay (Dauberville 463), dans *La Loge* (Dauberville 496) et *La Fenêtre ouverte* de 1921 (Dauberville 1062), le *Nu violet* de 1925 (Dauberville 1336) ou *La Salle à manger sur le jardin* de 1931-32 (Dauberville 1473). L'exagération du gros plan lui-même dans certains portraits de Renée et de Charles (pl. 75 et 76), où le visage, si proche, semble prêt à envahir le spectateur, mais a perdu toute consistance dans sa proximité, n'est-elle pas aussi un parfait symbole de cette fascination qu'éprouvait Bonnard devant le motif, par lequel il craignait tant de se laisser submerger, et de cette dissolution qu'il impose au réel lorsqu'il veut le réfléchir ? [30]

Les photographies de Bonnard ne sont pas seulement passionnantes par les rapports qu'elles entretiennent avec l'art et la vision du peintre ; elles existent également d'un point de vue plus strictement photographique. On ne saurait dans ce domaine, en effet, voir en Bonnard simplement l'auteur de quelques images réussies par hasard.

Bien que Bonnard ait toujours refusé de se considérer comme un photographe et d'améliorer sa technique, il y a chez lui un regard suffisamment fort et original pour s'imposer et apporter une contribution au développement de la création photographique.

Il est intéressant de comparer les photographies de Bonnard à celles des maîtres contemporains de l'instantané, par exemple avec celles d'Edouard Vuillard, un remarquable photographe dont l'œuvre souvent publié n'a pourtant pas encore reçu la considération qu'il mérite ; comme Bonnard, Vuillard n'avait aucune ambition esthétique dans ce domaine, mais sa technique était infiniment supérieure. Ses sujets sont identiques à ceux de son compagnon nabi, ses compositions sont toujours admirablement construites et il sait décrire avec une grande vigueur le charme et la drôlerie d'un moment quotidien : ainsi le ravissement d'une petite fille taquinée par Bonnard (pl. XVI-2), mais il n'y a pas dans ses photographies cet onirisme et ces trouvailles de pur plasticien dont sa peinture est alors si riche. Et chez le graveur Henri Rivière [31], tout aussi efficace dans sa traduction de l'instantané et plus subtilement "pictural" que Lartigue et Vuillard, il n'y a peut-être pas cette invention dans l'expression plastique que l'on trouve dans les images les plus audacieuses de Bonnard. Peut-être est-ce plutôt chez Alfred Stieglitz, lequel représente la catégorie la plus noble du photographe amateur au sens d'artiste non professionnel, qu'il faut chercher un équivalent à ces recherches, en faisant abstraction naturellement des différences entre le niveau technique de l'un et de l'autre.

Lartigue appartient à la génération suivante de celle de Bonnard et a abordé la photographie dix ans après lui ; s'il fut lui aussi un amateur, en revanche toute sa vie il photographia avec passion. [32] La technique de Lartigue est infiniment mieux maîtrisée que celle de Bonnard, sans avoir cependant le raffinement impeccable de celle d'un Alfred Stieglitz ; il fut lui aussi le spectateur (autant que l'acteur) enthousiaste de la vie moderne, mettant l'accent surtout sur le mouvement, la vitesse, le sport et la vie mondaine. Il y a chez Lartigue une sûreté de l'œil, un humour qui n'a rien à envier à celui de Bonnard, une autorité dans l'harmonie graphique de ses compositions pleine d'audaces, de la tendresse dans les scènes de vie intime et une grande perspicacité dans sa description de la vie sociale. Mais on chercherait en vain chez lui la poésie mystérieuse de Bonnard, et son émerveillement pourtant si vif devant la beauté du monde est plus limité dans son expression plastique : ce n'est sans doute pas chez lui que l'on trouverait ces magnifiques recherches de lumière, de clair-obscur de la réunion dans l'atelier (pl. 74) ou ces compositions presque abstraites mais d'une moelleuse sensualité que dessine l'ombre des feuillages en se reflétant sur la plage claire d'une robe ou d'un visage (pl. 21, 31 et chapitre 8).

C'est évidemment à sa qualité de grand peintre que Bonnard doit la richesse infinie et la profondeur de sa vision en photographie ; s'il avait voulu pratiquer sérieusement le médium, sa production aurait fait paraître bien pauvre l'imagination des plus beaux "pictorialistes". Mais c'est aussi parce qu'il était peintre avant tout qu'il n'a pas cherché à aller plus avant dans la maîtrise d'un art dont l'exercice est à partir d'un certain niveau tout aussi exclusif, donc incompatible avec celui de la peinture. Aussi ne doit-on pas s'étonner si la plupart des grands photographes ont été des peintres ratés.

Quelques photographies de Bonnard, sans rapport direct avec sa peinture, nous montrent que s'il avait voulu suivre cette voie il aurait compté parmi les plus grands photographes : par exemple celle prise à Noisy-le-Grand de Robert marchant devant la façade de la maison (pl. 25), qui, si elle présente quelques liens de composition avec ses tableaux futurs, n'a pas d'équivalent dans la peinture de Bonnard des années 1890-1900, ou les scènes de baignade au Grand-Lemps prises vers 1903 (pl. 52 et 53) qui sont sans précédent dans la photographie de l'époque et anticipent sur l'art d'un Cartier-Bresson. [33]

Mais c'est sans doute dans la photographie prise dès 1899-1900 montrant Marthe retirant sa chemise près d'un arbre (pl. 3) que l'on a l'exemple le plus indubitable des potentialités de Bonnard photographe : toujours empreinte de la grâce et du mystère propres à l'artiste, d'une extraordinaire force plastique dans la composition, cette image montre également une utilisation parfaitement maîtrisée du langage photographique dans le traitement de la lumière, et l'opposition entre les différentes matières, celle de la chair, du linge et de l'écorce d'arbre, rendues dans toute la richesse et l'éclat de leur texture.

---

(30) Cf. Ph. Le Leyzour, p. 32-33.

(31) En 1988, le Musée d'Orsay va consacrer une exposition et une publication à son œuvre graphique et photographique.

(32) Il ne prit pas moins de 250 000 clichés.

(33) Ce dernier, par un juste retour des choses, est un grand admirateur du peintre Bonnard.

Notes sur les personnages
mis en scène
dans les photographies

L'ordre de la présentation des personnages est le suivant : la famille Bonnard, la famille Terrasse, les peintres et amis de l'artiste. Une partie importante des photographies de Bonnard étant consacrée aux enfants de sa sœur Andrée Terrasse (ils sont signalés dans les notices du catalogue seulement par leurs prénoms), nous avons indiqué avec précision leur date de naissance, l'âge des enfants constituant un élément de repère dans la chronologie des images.

Mme Frédéric MERTZDORFF (1812-1900).
Grand-mère maternelle de Bonnard, elle apparaît très souvent dans ses peintures au cours de la décennie 1890-1900.

Mme Eugène BONNARD, née Elisabeth MERTZDORFF (1840-1919).
Mère de Pierre, Andrée et Charles Bonnard. Elle apparaît rarement dans les photographies de son fils car elle détestait se faire photographier. Le père de l'artiste, chef de bureau au ministère de la Guerre, mourut en 1895 et n'apparaît pas dans les photographies.

Pierre BONNARD (1867-1947).
Peintre et graveur.

«Marthe», Marthe BONNARD, née Maria Boursin (1869-1942).
Compagne de Bonnard. Il la rencontra en 1893 et lui donna son nom en 1925. Marthe fut le modèle favori de l'artiste et apparaît dans de nombreux nus. On reconnaît également son visage dans plusieurs portraits et compositions. Elle préférait le prénom de Marthe au sien propre.

Charles BONNARD (1864-1941).
Frère aîné de Pierre Bonnard, il exerça la profession de chimiste et d'œnologue. Il inventa différents parfums ; Thadée Natanson reproduit dans son *Bonnard que je propose* un projet d'affiche de Bonnard pour les parfums de Charles.

Mme Charles BONNARD, née Eugénie Paoletti.
Elle épousa Charles Bonnard en 1900 et en eut deux enfants, Frédéric et Madeleine.

Frédéric BONNARD.
Fils de Charles et Eugénie Bonnard.

Madeleine BONNARD.
Fille de Charles et Eugénie Bonnard.

Berthe SCHAEDLIN.
Cousine de Pierre Bonnard qui songea un moment à l'épouser et la représenta dans plusieurs tableaux de jeunesse (voir chapitre 1).

Claude TERRASSE (1867-1923).
Compositeur de musique. Il épousa le 25 septembre 1890 au Grand-Lemps Andrée Bonnard. Professeur de musique à Arcachon, il s'installa à Paris avec sa famille en 1896. Il participa comme pianiste à une formation qui comprenait Jacques Thibaud et André Hekking. Dans un atelier contigu à son appartement du 6 rue Ballu, il installa en 1897 avec Alfred Jarry et Franc-Nohain le "Petit Théâtre des Pantins". Claude Terrasse rédigea un *Petit solfège* et composa un ouvrage d'un grand charme, les *Petites scènes familières*, auxquels Bonnard consacra une série d'illustrations entre 1892 et 1895. En 1901, il collabora avec Bonnard et Alfred Jarry à l'*Almanach illustré du Père Ubu*, publié par Vollard. On lui doit un certain nombre d'ouvrages lyriques : *Monsieur de la Palisse, Le Sire de Vergy, Le Mariage de Télémaque, La Petite Femme de Loth*. Claude Debussy s'est exprimé en termes élogieux sur la musique de Claude Terrasse dans "Notes et contre-notes".

Andrée TERRASSE, née Bonnard (1872-1923).
Sœur cadette du peintre. Excellente musicienne, elle devint en 1890 l'épouse du compositeur Claude Terrasse et en eut six enfants. Elle apparaît fréquemment dans les tableaux de l'artiste au cours de la période nabi, et on la voit dans de nombreuses photographies en compagnie de ses enfants. Dans *L'Après-midi bourgeoise* (planche XII), Bonnard l'a représentée jouant avec un chat à ses pieds, alors que Claude Terrasse figure à gauche du tableau.

«Jean», Jean TERRASSE (6 mai 1892-1932).
Premier enfant de Claude et Andrée Terrasse. Médecin pneumologue, il fonda avec le docteur Francis Tobé le sanatorium de Sancellemoz, en Haute-Savoie.

«Charles», Charles TERRASSE (1ᵉʳ octobre 1893-1982).
Deuxième enfant de Claude et Andrée Terrasse. Passionné par l'art de Bonnard, il fut en plusieurs circonstances le confident de l'artiste ; il lui consacra différentes études, et notamment une importante monographie publiée chez Floury en 1927, à laquelle l'artiste collabora. Archiviste-paléographe, il fut conservateur en chef des Musées nationaux et exerça ses fonctions au château de Fontainebleau. Charles Terrasse publia de nombreux ouvrages consacrés à l'histoire de l'art, *Les Peintres français de la Renaissance au Louvre, Architecture lombarde de la Renaissance, L'Art des châteaux de la Loire, Sodoma, Germain Pilon*. On lui doit aussi un *François Iᵉʳ* fondamental, ainsi qu'une *Histoire de l'Art de l'origine à nos jours* (3 volumes, 1938-1946).

«Renée», Renée TERRASSE (5 décembre 1894-1985).
Troisième enfant de Claude et Andrée Terrasse, elle fut secrétaire aux éditions Bernard Grasset. En 1945, après la mort de Marthe, elle abandonna ses activités professionnelles et s'installa auprès de Pierre Bonnard.

«Robert», Robert TERRASSE (24 juin 1896-1966).
Quatrième enfant de Claude et Andrée Terrasse, il fut administrateur de la France d'outre-mer.

«Marcel», Marcel TERRASSE (1897-1898).
Cinquième enfant de Claude et Andrée Terrasse, il mourut à un an et demi.

«Vivette", Eugénie TERRASSE, dite (née le 11 avril 1899).
Sixième enfant de Claude et Andrée Terrasse, elle fut l'épouse de l'éditeur d'art Jean Floury, lui-même fils de l'éditeur Henri Floury.

M. Auguste PRUDHOMME.
Archiviste du département de l'Isère, il fut le parrain de Charles Terrasse. Bonnard l'a représenté (de profil à droite du tableau) dans *L'Après-midi bourgeoise* (planche XII).

Mme PRUDHOMME.
Elle fut la marraine de Charles Terrasse. Bonnard l'a représentée (au centre du tableau, relevant la tête vers son filleul) dans *L'Après-midi bourgeoise* (planche XII).

Docteur GUILLERMIN.
Médecin de la famille Terrasse au Grand-Lemps.

Henri JACOTOT.

Chanteur et compositeur de chansons, ami et interprète de Claude Terrasse à qui il rendit plusieurs visites au Grand-Lemps. Bonnard l'a photographié lors d'une de ces visites (voir chapitre 17).

Edouard VUILLARD (1868-1940).

A l'âge de 10 ans, il se lie d'amitié avec Roussel qui l'entraînera vers la peinture en 1887. Au sein du groupe des Nabis — qui se constitue en 1888 pour défendre l'esthétique de Gauguin — Bonnard, Vuillard et Roussel marquent leur indépendance. Les trois artistes restèrent toute leur vie très liés, bien qu'avec les années leur art prît des voies différentes. Ils voyagèrent ensemble en Italie et à Venise (chapitre 7), séjournèrent au Grand-Lemps (chapitre 10) ; de leur côté, Bonnard et Vuillard se rendirent en Espagne (chapitre 13) et à Hambourg (Bonnard ne réalisa là aucune photographie). Octave Mirbeau écrit à propos des liens unissant ces artistes : "C'était une joie que leur amitié, et en même temps qu'une joie un profit. Pour moi, j'y ai beaucoup appris, même dans les choses de mon métier. Ils m'ont ouvert un monde qui jusqu'à eux m'était en quelque sorte fermé ou obscur. Et ils ont ajouté au goût que j'ai de la vie, au goût que j'ai de me plaire à la vie, des raisons plus valables, plus saines et plus hautes".

Ker-Xavier ROUSSEL (1867-1944).

Voir la note sur Vuillard et l'article de Jacques Salomon, catalogue 1968. Aux liens d'amitié qui unissaient Vuillard et Roussel, s'ajouta un lien d'ordre familial lorsqu'en 1893 Roussel épousa la sœur de l'artiste, Marie Vuillard, dont il eut un fils Jacques, et une fille, Annette, que Vuillard portraitura en plusieurs circonstances.

Claude MONET (1840-1926).

Le peintre impressionniste, que Bonnard allait visiter en voisin lorsqu'il séjournait à Vernon (voir chapitre 25).

Auguste RENOIR (1841-1919) et son fils Jean, le cinéaste (1894-1979). Voir chapitre 27.

Thadée NATANSON (1868-1951).

Fondateur avec ses frères Alfred et Alexandre de *La Revue Blanche* (1889-1903), le principal organe de l'avant-garde artistique et littéraire de la fin du siècle. Il fit collaborer à la revue des artistes comme Bonnard, Vuillard, Roussel, Toulouse-Lautrec et Vallotton. Bonnard réalisa notamment une affiche publicitaire pour *La Revue Blanche* en 1894.
Natanson consacra plusieurs articles à l'artiste, dont un *Adieu à Bonnard,* publié dans *Peints à leur tour* (1948).

Misia GODEBSKA, puis Natanson, puis Edwards et Sert (1872-1950).

Fille du sculpteur Cyprien Godebski, Misia devint en 1893 l'épouse de Thadée Natanson, en 1905 celle d'Alfred Edwards, enfin du peintre espagnol José-Maria Sert. Egérie des peintres d'avant-garde, très liée aux milieux littéraires et musicaux (notamment aux Ballets russes), Bonnard a fait d'elle plusieurs portraits peints.

Cipa GODEBSKI.

Demi-frère de Misia Godebska, avec qui il resta très lié. Il fut mêlé aux avant-gardes de la fin du siècle et devint un des amis les plus proches de Maurice Ravel qui lui dédicaça plusieurs œuvres.

Ida GODEBSKA.

Epouse de Cipa Godebski.

Alfred EDWARDS.

Homme d'affaires et propriétaire de journaux, il devint en 1905 le deuxième époux de Misia Godebska. Bonnard séjourna en 1906 sur son yacht l'*Aimée* (voir chapitre 23).

Prince Emmanuel BIBESCO.

Ami de Vuillard et de Marcel Proust, il se rendit en compagnie de Bonnard, Vuillard et son frère Antoine en Espagne au début de l'année 1901 (voir chapitre 13). Au cours de ce voyage, il réalisa une série de photographies dans lesquelles apparaissent souvent les deux artistes.

Mme SCHOPFER.

Epouse de Jean Schopfer, plus connu sous le nom de plume de Claude Anet, auteur notamment d'un article sur Bonnard publié dans *Le Gil Blas* (1910). Il collectionnait les peintures d'artistes contemporains (Bonnard, Roussel, Maurice Denis, etc.) et commanda à Vuillard trois grands panneaux pour leur appartement parisien (1898-1901). Bonnard a illustré son ouvrage *Notes sur l'amour* (1922).

Mme REDON.

Epouse d'Odilon Redon, artiste auquel Bonnard vouait une grande admiration.

Divers personnages non identifiés
Des domestiques et des nourrices
Un chat tigré
Un chat bicolore
Le chien du Grand-Lemps
Black, chien de Bonnard
Ubu, chien de Bonnard
Trotty, l'âne de Charles Terrasse
Une chèvre

L'action se déroule dans différents lieux de France, d'Italie et d'Espagne.

Planche 1 (n° 118) 1900-1901
Marthe

Planche 2 (nº 122) 1900-1901
Marthe

Planche 3 (n° 120) 1900-1901
Marthe

Planche 4 (n° 128) 1900-1901
Marthe

Planche 5 (n° 129) 1900-1901
Marthe

Planche 6 (n° 130) 1900-1901
Marthe

22

Planche 7 (nº 131) 1900-1901
Marthe

Planche 8 (n° 133) 1900-1901
Marthe

Planche 9 (n° 134) 1900-1901
Marthe

Planche 10 (n° 132) 1900-1901
Marthe

Planche 11 (n° 135) 1900-1901
Marthe

Planche 12 (n° 137) 1900-1901
Pierre Bonnard (prise de vue de Marthe)
Pierre Bonnard (photograph taken by Marthe)
Pierre Bonnard (Aufgenommen von Marthe)

Planche 13 (n° 136) 1900-1901
Pierre Bonnard (prise de vue de Marthe)
Pierre Bonnard (photograph taken by Marthe)
Pierre Bonnard (Aufgenommen von Marthe)

Planche 14 (n° 138) 1900-1901
Pierre Bonnard (prise de vue de Marthe)
Pierre Bonnard (photograph taken by Marthe)
Pierre Bonnard (Aufgenommen von Marthe)

Planche 15 (nº 139) 1900-1901
Pierre Bonnard (prise de vue de Marthe)
Pierre Bonnard (photograph taken by Marthe)
Pierre Bonnard (Aufgenommen von Marthe)

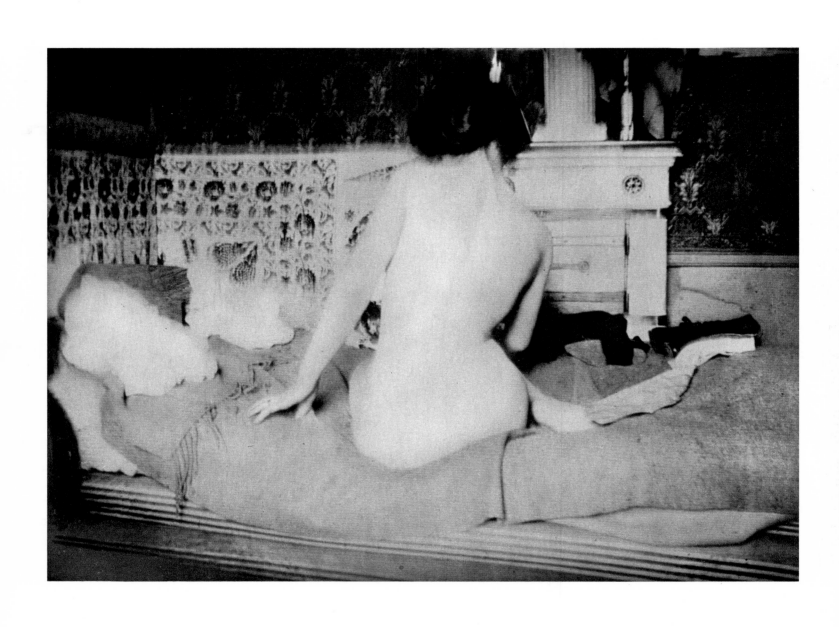

Planche 16 (n° 112) 1899-1900
Marthe

Planche 17 (n° 108) 1899-1900
Marthe

Planche 18 (n° 3) 1898
Andrée Terrasse jouant avec des animaux
Andrée Terrasse playing with the family pets
Andrée Terrasse, mit den Haustieren spielend

Planche 19 (n° 4) 1898
Un chat sautant sur la robe d'Andrée Terrasse
A cat leaping up at Andrée Terrasse.
Katze, an Andrée Terrasse hochspringend

Planche 20 (n° 7) 1898
Mme Mertzdorff, Andrée et Jean Terrasse

Planche 21 (n° 8) 1898
Mme Mertzdorff, Robert et Charles

Planche 22 (n° 5) 1898
Un chat sautant dans les fourrés
A cat diving into the undergrowth
Katze im Dickicht

Planche 23 (nº 23) 1898
Le chien de la famille
The family dog
Der Hund der Familie

Planche 24 (nº 13) 1898
Marcel et sa nourrice
Marcel and his nursemaid
Marcel und sein Kindermädchen

Planche 25 (n° 18) 1898
Robert

Planche 26 (n° 14) 1898
Marcel

Planche 27 (nᵒ 20) 1898
Marcel, Robert et Renée

Planche 28 (n° 6) 1898
Renée embrassant un chien
Renée hugging a dog
Renée den Hund umarmend

Planche 29 (n° 36) 1899
Renée

Planche 30 (nᵒ 81) 1899-1900
La cueillette
Picking fruit
Beim Obstpflücken

Planche 31 (n° 80) 1899-1900
La cueillette
Picking fruit
Beim Obstpflücken

Planche 32 (n° 49) 1899
Claude, Andrée et Charles Terrasse avec une nourrice
Claude, Andrée and Charles Terrasse with a nursemaid
Claude, Andrée und Charles Terrasse mit dem Kindermädchen

Planche 33 (n° 56) 1899
Charles et une nourrice
Charles and a nursemaid
Charles und ein Kindermädchen

Planche 34 (nº 45) 1899
Andrée, Charles et Jean Terrasse

Planche 35 (n° 46) 1899
Claude, Andrée, Charles et Jean Terrasse

Planche 36 (n° 72) 1899
Ker-Xavier Roussel et Edouard Vuillard
Venise / Venice / Venedig

Planche 37 (*n° 73*) 1899
Ker-Xavier Roussel *et* Edouard Vuillard
Venise / Venice / Venedig

Planche 38 (n° 101) 1900
Edouard Vuillard et Renée

Planche 39 (n° 104) 1900
Ker-Xavier Roussel et Renée

Planche 40 (nᵒ 102) 1900
Renée

Planche 41 (nº 103) 1900
Renée

Planche 42 (n° 100) 1900
Edouard Vuillard

Planche 43 (n° 105) 1900
Mme Mertzdorff, Renée et Ker-Xavier Roussel

Planche 44 (nº 165) circa 1902
Marthe et un cheval
Marthe and a horse
Marthe mit einem Pferd

Planche 45 (nº 166) circa 1902
Marthe caressant un cheval
Marthe stroking a horse
Marthe, ein Pferd streichelnd

Planche 46 (n° 150) circa 1902
Charles et Eugénie Bonnard, Marthe et deux petites filles
Charles and Eugénie Bonnard, Marthe and two little girls
Charles und Eugénie Bonnard, mit Marthe und zwei kleinen Mädchen

Planche 47 (n° 149) circa 1902
Charles et Eugénie Bonnard, Marthe et deux petites filles
Charles and Eugénie Bonnard, Marthe and two little girls
Charles und Eugénie Bonnard, mit Marthe und zwei kleinen Mädchen

Planche 48 (n° 152) circa 1902
Charles et Eugénie Bonnard

Planche 49 (n° 151) circa 1902
Charles et Eugénie Bonnard

Planche 50 (n° 154) circa 1902
Une petite fille
A little girl
Kleines Mädchen

Planche 51 (n° 155) circa 1902
Une petite fille couronnée
Little girl wearing a crown of leaves
Kleines Mädchen mit Kopfschmuck

Planche 52 (n° 186) circa 1903
La baignade
Bathing
Beim Baden

Planche 53 (nº 187) circa 1903
La baignade
Bathing
Beim Baden

Planche 54 (n° 189) 1903-1904
Robert et Renée

Planche 55 (nᵒ 188) 1903-1904
Jean à dos d'âne, Robert, Renée et un chien
Jean riding a donkey with Robert, Renée and dog
Jean, auf einem Esel reitend, mit Robert, Renée und dem Hund

Page 72

Planche 56 (nᵒ 217) circa 1912
Marthe et les Godebski en barque
Marthe and the Godebski's in a rowboat
Marthe und die Godebskis beim Rudern

Page 73

Planche 57 (nᵒ 221) circa 1916
Le modèle au chat
Model with a cat
Modell mit Katze

Planche 60 (nº 216) circa 1912
Marthe assise sur la terrasse de «Ma Roulotte»
Marthe seated on the terrasse of «Ma Roulotte»
Marthe auf der Terrasse von «Ma Roulotte»

Planche 61 (nº 99) circa 1900
Le coin de table
Table scene
Tischszene

Planche 62 (nº 50) 1899
Robert et Charles

Planche 63 (nº 25) 1898
Jean et Charles dansant
Jean and Charles dancing
Jean und Charles beim Tanzen

Planches 64-65 (n°s 180 et 181) circa 1902-1903
Charles Terrasse et Henri Jacotot luttant
Charles Terrasse and Henri Jacotot wrestling
Charles Terrasse und Henri Jacotot beim Kampf

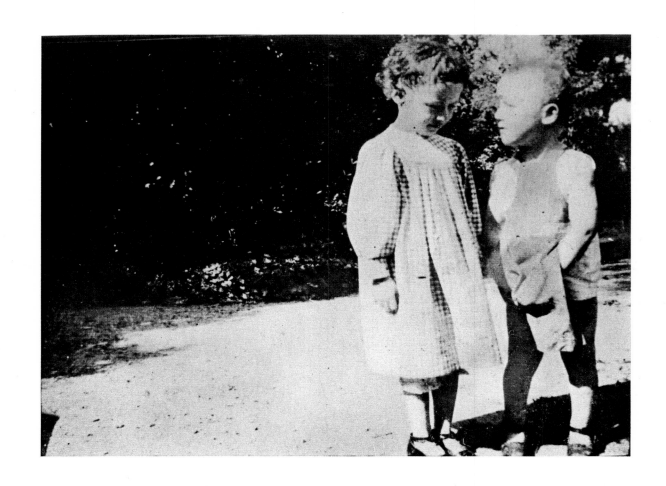

Planche 66 (*n° 19*) *1898*   *Planche 67* (*n° 97*) *1899-1900*
Renée et Robert   *Robert, Charles et Renée*

Planches 68-69 (n°s 82 et 83) 1899-1900
Cueillettes de fruits
Fruit picking
Beim Obstpflücken

Planches 70-71 (n°s 57 et 58) 1899
Andrée Terrasse essuyant Charles
Andrée Terrasse drying Charles
Andrée Terrasse, Charles abtrocknend

Planche 72 (n° 55) 1899
Charles et sa nourrice
Charles and his nursemaid   *Planche 73 (n° 59) 1899*
Charles und sein Kindermädchen   *Charles, Andrée et Jean*

Planche 74 (n° 169) 1902-1903
Réunion familiale dans l'atelier de l'artiste
Family gathering in the artist's studio
Familientreffen im Atelier des Künstlers

Planche 75 (nº 170) 1902-1903
Charles tirant la langue
Charles sticking out his tongue
Charles, seine Zunge herausstreckend

Planche 76 (nº 98) 1899-1900
Renée

Planche 77 (n° 30) 1898   *Planche 78 (n° 86) 1899-1900*
Mme Eugène Bonnard   *Andrée Terrasse*

Planche 79 (n° 209) 1906
Cipa Godebski sur le yacht «Aimée»
Cipa Godebski on the yacht «Aimée»
Cipa Godebski auf der Yacht «Aimée»

Planche 80 (n° 211) 1906
Black sur le yacht «Aimée»
Black on the yacht «Aimée»
Black auf der Yacht «Aimée»

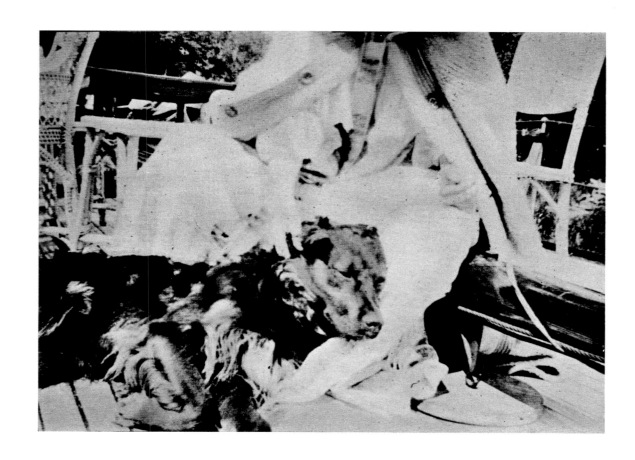

Planche 81 (Annexe A) 1900
Bonnard photographiant Renée (prise de vue d'Edouard Vuillard)
Bonnard photographing Renée (photograph by Edouard Vuillard)
Bonnard, Renée aufnehmend (Aufgenommen von Edouard Vuillard)

Planche 82 (Annexe A)
Détail de planche 81
Detail of plate 81
Ausschnitt von Bild 81

Planche 83 (Annexe F) 1900
Edouard Vuillard : Roussel, Mme Mertzdorff et Renée

Planche 84 (Annexe D) 1900
Edouard Vuillard : Le repas de Vivette
Edouard Vuillard : Feeding Vivette
Edouard Vuillard : Vivette beim Essen

Planche 85 (Annexe B) 1900
Edouard Vuillard : Bonnard, Roussel, Renée et une petite fille
Edouard Vuillard : Bonnard, Roussel, Renée and a little girl
Edouard Vuillard : Bonnard, Roussel, Renée und ein kleines Mädchen

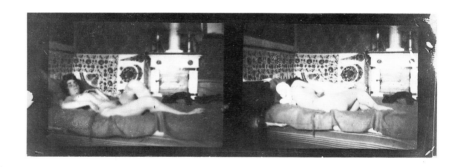

Planche I (n°s 112 et 108) 1899-1900
Marthe

Planche I (n°s 116 et 114) 1899-1900
Marthe

Planche I (n°s 131 et 129) 1900-1901
Marthe

La bestiole céleste
S'en vient palpiter à terre,
La Folle-du-Logis reste
Dans sa gloire solitaire!

77

Planche II 1900
Illustration pour Limbes *(Parallèlement) de Verlaine*

« Elle a, ta chair, le charme sombre
Des maturités estivales,
Elle en a l'ambre, elle en a l'ombre;

« Ta voix tonne dans les rafales,
Et ta chevelure sanglante
Fuit brusquement dans la nuit lente. »

Planche III 1900
Illustration pour Eté (Parallèlement) *de Verlaine*

Planche IV 1902
Daphnis et Chloé

Planche V 1902
Daphnis et Chloé

RENÉ BOYLESVE

La
Leçon d'Amour dans un parc

roman

Éditions de la Revue blanche, 23, boulevard des Italiens, Paris.

Planche VI 1902
La leçon d'amour dans un parc

Planche VII 1894
La Grand-mère

Planche VIII 1892
La Partie de croquet

Planche X *1900*
La Sieste

Planche IX *1899*
L'Indolente

Planche XI *1900*
L'Homme et la Femme

Planche XII 1900
L'Après-midi bourgeoise *ou* La famille Terrasse

Planche XIII circa 1902-1903
Portrait de Claude Terrasse

Planche XIV circa 1906
Sur le yacht d'Edwards

Planche XV circa 1916
Nu au tub

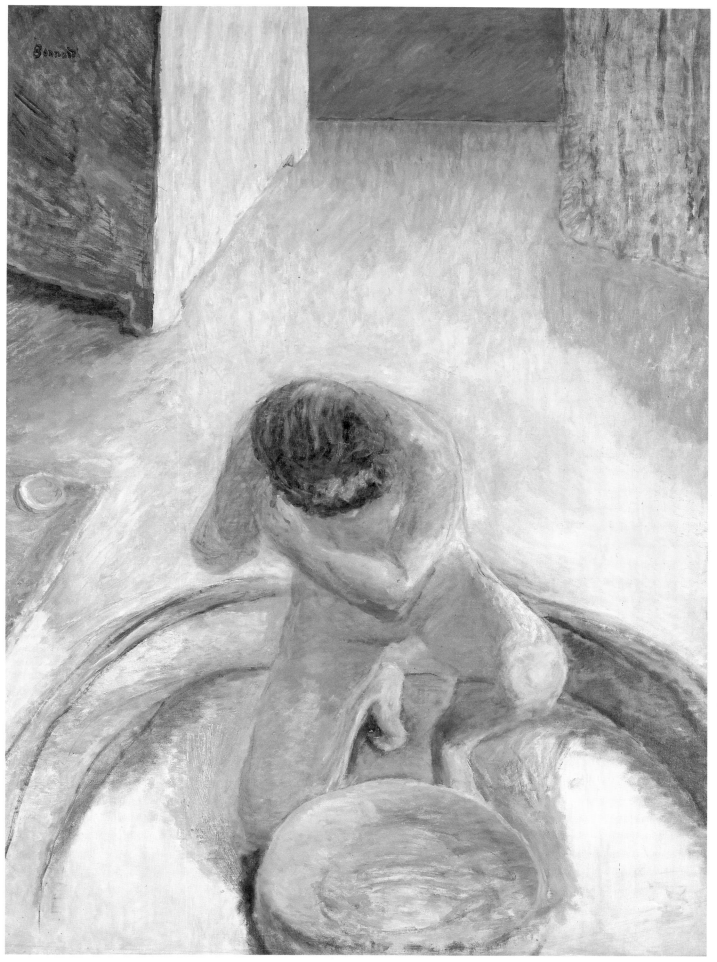

Planche XVI 1900
Edouard Vuillard : Scène de famille au Grand-Lemps

Planche XVI 1900
Edouard Vuillard : Bonnard chatouillant Renée

Catalogue

Ce catalogue regroupe l'ensemble de la production photographique de Pierre Bonnard qui soit parvenue à ce jour entre les mains des descendants de Charles Terrasse, neveu de l'artiste. Le fonds comprend 106 négatifs et 155 épreuves (1).

Durant sa première période d'activité photographique, de 1891 à 1906 (cat. nos 1 à 211), l'artiste a utilisé des négatifs de petites dimensions (3,8 × 5,5 cm) et un appareil de très petit format (2), qu'on le voit tenir entre ses mains dans une photographie de Vuillard (fig. 14). A partir de 1907-1908, il se sert d'un nouvel appareil, qui nous est inconnu, et les quelques rares négatifs qui nous sont parvenus de sa production jusque vers 1916 (nos 212 à 222) sont de format plus important (5,5 × 8 cm). Les négatifs de la première période, souvent de bonne qualité, permettent de réaliser des agrandissements importants, ce que Bonnard, apparemment, n'a jamais essayé de faire. Certains sont cependant surexposés, sous-exposés ou voilés. Ceux de la seconde période autorisent des images plus précises et plus monumentales ; ils présentent souvent des rayures dues à une déficience de l'appareil photographique ou plus vraisemblablement à de mauvaises manipulations au moment du développement.

Les positifs anciens se présentent dans la majorité des cas sous forme de tirages contacts à l'albumine ou à la gélatine. Ceux provenant des petits négatifs ont été le plus souvent séparés pièce par pièce (comme du reste tous les négatifs de cette catégorie) après avoir été tirés en bande de deux ou quatre images. Plusieurs feuilles nous sont parvenues en bandes de deux épreuves (les négatifs presque toujours encore réunis) ou contiennent quatre images (deux bandes de deux négatifs réunis, séparées entre elles) (3). Les autres épreuves provenant des petits négatifs, à la gélatine ou sur papier citrate, sont légèrement agrandies et se présentent en feuilles séparées ; celles-ci sont libres ou collées sur des pages de carnet portant parfois des inscriptions manuscrites de Bonnard.

Outre les épreuves contacts provenant des plus grands négatifs, on dénombre quelques agrandissements sur d'assez médiocres papiers argentiques.

L'état des négatifs et surtout celui d'une quantité importante d'épreuves (beaucoup ont été mal fixées) démontrent que leur traitement a été assuré par un amateur manquant passablement d'expérience de la photographie. Etait-ce Bonnard lui-même ? Il paraît plus vraisemblable que ce soit un membre de son entourage. En tout cas, rien ne nous indique que l'artiste ait possédé à un moment un petit laboratoire photographique, et aucune source écrite ou tradition familiale ne nous renseigne sur une quelconque activité de Bonnard dans le domaine du laboratoire.

Les 222 images que nous présentons dans ce catalogue constituent une part importante d'un fonds d'archives photographiques, dont il est impossible de donner une estimation quantitative. On constate par exemple qu'aucune épreuve ne subsiste pour 74 négatifs, qui ont certainement été en partie tirés à l'époque. Notamment il paraît difficilement pensable que Bonnard n'ait jamais eu en main un tirage de *Marthe au tub* (n° 214), alors que cette composition l'a intéressé au point de la reprendre sans trop de modifications dans plusieurs peintures. Inversement, les négatifs de nombreuses épreuves ont disparu. Par ailleurs, il y a tout lieu de penser qu'une quantité indéterminée d'images, négatifs et épreuves, ne nous sont pas parvenus ; sinon comment expliquer le fait qu'aucune photographie n'ait vu le jour entre 1891 et 1897, que la production entre 1908 et 1916 ne se monte qu'à dix images, et que certains thèmes se trouvent si peu explorés (les voyages, la baignade de 1903, etc.). L'explication la plus vraisemblable est la dispersion et la disparition d'images du vivant même de l'artiste, celui-ci ayant déménagé maintes fois au cours de son existence.

L'attribution des photographies à Bonnard et la constitution du catalogue s'appuient sur différents critères d'ordre technique et stylistique (voir aussi l'introduction). Tout d'abord la tradition familiale, qui a en partie pour origine les souvenirs de Charles Terrasse, un des modèles favoris de Bonnard dans les photographies. La nature des tirages provenant des négatifs produits par l'appareil de Bonnard a été souvent un élément déterminant, bien que nous ayons été amenés à constater que d'autres personnes ont utilisé cet appareil. Ainsi avons-nous inclus dans le catalogue certaines images dans lesquelles Bonnard figure, réalisées avec son appareil, lorsqu'elles étaient manifestement prises au cours d'une séance où il opérait personnellement, les considérant comme des autoportraits où il se mettait lui-même en scène (voir notamment la série des autoportraits nus, nos 136 à 139, où pour cette fois on peut donner un nom à l'opérateur). D'autre part, l'examen attentif des images permet de déterminer une "manière" propre à Bonnard photographe, et nombre d'images ont été incluses dans ce catalogue parce qu'on peut y reconnaître cette manière. Enfin, des photographies d'un esprit différent ont pu être données à l'artiste parce que réalisées manifestement dans le cadre de séries où apparaissent des images caractéristiques de son style (voir notamment chapitre 6).

Inversement, nous avons été amenés à exclure de ce catalogue toute une série de photographies contenues dans les Archives Bonnard, parce que la technique des épreuves et de leur négatif, et surtout le style de ces images, nous semblaient étrangers à l'esprit de Bonnard.

Le catalogue a été organisé par thèmes, correspondant souvent à des séjours de Bonnard dans différents lieux français et étrangers, et en fonction de la chronologie. La datation des séries d'images n'est pas sans poser de sérieux problèmes, comme du reste celle des peintures de l'artiste ; celle-ci demeure par moments hypothétique, les doutes ne portant cependant que sur une différence d'une ou deux années. Certaines dates s'appuient sur la tradition familiale, d'autres sur des recherches ponctuelles ; quelques-unes ont pu être établies en référence avec des tableaux, et alors nous avons repris bien souvent les dates proposées par MM. Jean et Henry Dauberville dans leur catalogue raisonné de l'œuvre peint de Bonnard.

Les têtes de chapitre expliquent la constitution des séries d'images, justifient les datations proposées, commentent les séjours et les voyages de l'artiste et mettent en relation photographies, peintures et œuvres graphiques. Les photographies de Vuillard présentées en annexe à la fin du catalogue ont été données par leur auteur à Bonnard.

(1)   On dénombre 74 négatifs sans épreuve ancienne, 30 négatifs avec une épreuve, 2 négatifs avec deux épreuves, 69 épreuves contacts dont les négatifs ont disparu, 38 agrandissements provenant de négatifs de petit format également disparus, 14 images représentées par deux ou trois épreuves sans négatif.

(2)   Il s'agit d'un Kodak *pocket-model* 96.

(3)   Les groupements d'images en bandes contacts sont précisés dans les notices du catalogue. La réunion de deux négatifs indique l'ordre de prise de vue, mais les bandes contacts ne sont pas assez nombreuses pour constituer de véritables points de repère dans la succession des images appartenant à une même série, aussi la plupart du temps n'en avons-nous pas tenu compte et constitué l'ordre de chacune d'elles en fonction d'autres critères. Lorsque la feuille présente quatre photographies, le premier numéro dans le corps de la notice signale l'image réunie en bande à celle de la notice ; le deuxième et le troisième numéro sont relatifs aux images de la seconde bande, qui généralement correspondent à une autre série que celles de la première. Leur rapprochement peut cependant suggérer des dates assez voisines de prise de vue.

N.B. :   Tous les négatifs pour lesquels ne figurent pas de dimensions dans le catalogue sont de format 3,8 × 5,5 cm. Les dimensions des négatifs et des épreuves sont données en centimètres, hauteur, puis largeur.
Abréviations : cf. = confer ; fig. = figure ; p. = page.

SOMMAIRE DU CATALOGUE

Antoine Terrasse reconnaît dans cette image en le comparant à un dessin ⁽¹⁾ le profil de Berthe Schaedlin, la cousine de Pierre Bonnard, que l'artiste retrouvait dans la propriété familiale du Grand-Lemps jusqu'en 1892 ⁽²⁾. La jeune femme apparaît ainsi de profil dans plusieurs tableaux de jeunesse de Bonnard, notamment dans deux volets des *Femmes au jardin* de 1891, conservés au Musée d'Orsay (*La Femme à la pèlerine* et *La Femme à la robe quadrillée*). Elle est vue de dos, le visage en profil perdu, à droite au premier plan, dans *La Partie de croquet*, ou *Crépuscule*, de 1892, également conservée au Musée d'Orsay.

A cette époque Pierre Bonnard avait songé à l'épouser. A la fin de l'année 1893, il rencontrait Marthe, qui avait d'ailleurs quelque ressemblance physique avec sa cousine. Ce portrait de Berthe semble dater de 1890 ou 1891, et se trouve être ainsi le premier témoignage qui nous soit parvenu de l'activité photographique de Bonnard. Il a été pris lors d'une promenade à bicyclette, sans doute au Grand-Lemps, la jeune femme posant auprès de son cycle, celui de Bonnard apparaissant contre une haie derrière elle.

En 1943, lorsqu'il écrivait pour l'éditeur Tériade des lettres fictives rassemblant des souvenirs de sa jeunesse, Bonnard gardait encore vivante à l'esprit l'image de sa cousine cueillant des fruits dans les arbres ⁽³⁾.

1 - Berthe Schædlin au cours d'une promenade
    à bicyclette
    Epreuve originale ancienne ; 3,8 × 5,1

⁽¹⁾ *Claire Frèches-Thory, 1986, p. 418, fig. 4.*
⁽²⁾ *Cf. chapitre 4.*
⁽³⁾ *Cf. chapitre 5.*

Chapitre 2 : Trois enfants Terrasse dans une salle à manger - 1897

D'après l'âge des enfants, Jean, Charles et Renée, cette image est antérieure aux premières images de la série suivante prise à Noisy-le-Grand en 1898, et peut donc être datée de 1897. La salle à manger est probablement celle de l'appartement parisien des Terrasse, 6, rue Ballu, dans lequel ils avaient emménagé cette année-là, venant d'Arcachon. Ils y vécurent jusqu'en 1902.

2 - Jean, Charles et Renée posant devant un coin
    de table
    Epreuve originale ancienne ; 3,8 × 5,2

Chapitre 3 : Noisy-le-Grand, scènes familiales - 1898 et 1899

De 1897 à 1899 la famille Terrasse loua pour de courts séjours dans les environs de Paris une maison avec jardin à Noisy-le-Grand. Une partie des photographies prises à Noisy-le-Grand, qui forme une série cohérente, du n° 3 au n° 30, date de 1898, du fait de la présence du petit Marcel qui mourut cette année-là, à un an. Une autre série doit dater de l'année suivante, car Vivette y figure nouveau-née sur les genoux de Mme Mertzdorff (n° 35). Et en effet sur les photographies antérieures Andrée Terrasse semblait attendre cette naissance (n°s 3 et 4). La série 31 à 36, réalisée manifestement au même moment, se situe donc en 1899.

Les Bonnard, Pierre évidemment et Charles, ainsi que les Prudhomme, se rendirent également à Noisy-le-Grand.

Il est difficile aujourd'hui de se faire une idée exacte de ce qu'était le jardin de Noisy-le-Grand, que n'a pas peint Bonnard. Les photographies n°s 19 et 21 à 24, qui manifestement forment un ensemble avec le reste de la série, permettent cependant d'en avoir un aperçu. Sur le n° 21 on reconnaît en effet la façade caractéristique de la maison de Noisy-le-Grand, claire avec un large bandeau sombre dans la partie basse. Or le même arbre est visible sur les n°s 21, 22 et 24, tandis que sur le n° 24 on retrouve les chaises de jardin de Noisy-le-Grand − différentes du mobilier du Grand-Lemps. En revanche Bonnard a peint vers 1898 au moins un aspect de la façade de Noisy-le-Grand (cf. n° 30).

3 - Andrée Terrasse jouant avec deux chats et un chien
Négatif original
Planche 18

4 - Un chat saute sur la robe d'Andrée Terrasse, Renée et Robert contemplent la scène
Négatif original
Planche 19

5 - Chat tigré dans les fourrés
Négatif original
Planche 22

6 - Renée de dos embrassant un chien
Négatif original
Planche 28

7 - Mme Mertzdorff, Andrée Terrasse et Jean
Négatif original
Planche 20

8 - Mme Mertzdorff, Robert et de dos au fond, Jean
Négatif original
Planche 21

9 - Mme Mertzdorff et Robert
Négatif original
Deux images superposées par erreur sur le même négatif (sans doute prises au même moment que le n° 8)

10 - Mme Mertzdorff et Robert
Négatif original
Deux images superposées par erreur sur le même négatif

11 - Mme Mertzdorff et, alignés l'un derrière l'autre, Robert, Renée, Jean et Charles
Négatif original

12 - Mme Mertzdorff, et Bonnard tenant Robert
par un bras et une jambe
Négatif original

13 - Marcel et sa nourrice
Négatif original
Planche 24

14 - Marcel souriant
Négatif original
Planche 26

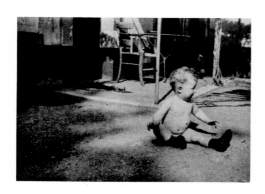

15 - Marcel, visage de profil
Négatif original

16 - Marcel se mouvant par terre
Négatif original

17 - Robert de face
Négatif original

18 - Robert de profil, marchant
Négatif original
Planche 25

19 - Renée et Robert
Epreuve originale ancienne collée sur une
page de carnet avec les n°s 27, 30, 22 et 24 ;
3,4 x 5,2
Planche 66

20 - Marcel et Robert dans un baquet, Renée
assise à leurs côtés, un quatrième enfant coupé
par le bord de l'image
Négatif original
Planche 27

21 - Marcel marchant à quatre pattes dans le jardin
Epreuve originale ancienne ; 3,6 × 5,1

22 - Robert de face, marchant
Deux épreuves originales anciennes dont une collée sur une page de carnet avec les n°s 27, 30, 19 et 24 ; 3,3 × 5,3 et 3,8 × 5,2

23 - Un chien marchant vers l'objectif de Bonnard ; au fond, Robert et un autre enfant contemplent la scène
Négatif original
Planche 23

24 - Charles et Jean
Epreuve originale ancienne collée sur une page de carnet avec les n°s 27, 30, 22 et 19 ; 3,8 × 5,7

25 - Jean et Charles dansant ; derrière eux, Andrée Terrasse et, au fond à droite, Mme Eugène Bonnard
Epreuve originale ancienne ; 3,8 × 5
Planche 63

26 - Jean, Robert et Charles se tenant par la main ; à gauche, de dos, une nourrice
Epreuve originale ancienne ; 3,7 × 5,4

27 - Trois enfants Terrasse dansant
Epreuve originale ancienne
Pour les n°s 25 et 27, cf. figure 3, *Les Trois Enfants nus,* datant, selon Charles Terrasse, de l'été 1899 (Dauberville 194). Collé sur une page de carnet avec les n°s 30, 22, 19 et 24 ; 3,7 × 5,5

28 - Les enfants Terrasse, de gauche à droite : Renée, Charles, Jean et Robert
Epreuve originale ancienne ; 3,8 × 6

29 - Andrée Terrasse et Renée (ou Charles)
Epreuve originale ancienne ; 3,8 × 5

30 - Mme Eugène Bonnard
Epreuve originale ancienne collée sur une page de carnet avec les n° 27, 22, 19 et 24
Cette photographie est à mettre en rapport avec le tableau intitulé par erreur *Cour de ferme* (Dauberville 168), représentant le même lieu, daté des environs de 1898
Planche 77

31 - Mme Mertzdorff et Charles Bonnard
Négatif original

32 - Charles Bonnard, Renée et un chien couché à leurs pieds
Négatif original

33 - Charles Bonnard et Renée caressant un chien
Négatif original

34 - Mme Mertzdorff et Robert à ses côtés
Négatif original

35 - Mme Mertzdorff tenant Vivette sur ses genoux, Charles Bonnard debout et, à sa droite, Robert et Renée
Négatif original

36 - Renée à mi-corps
Négatif original
Planche 29

37 - Mme Prudhomme de profil, marchant
Epreuve originale ancienne tirée sur la même feuille que le n° 38 ; 3,8 x 5

38 - Pierre Bonnard (autoportrait)
Epreuve originale ancienne tirée sur la même feuille que le n° 37 ; 3,8 x 5

Le «Clos» au Grand-Lemps, dans le Dauphiné, était la propriété familiale des parents Bonnard, où Pierre, Charles et la famille Terrasse se retrouvaient régulièrement. Les amis du peintre et du musicien y furent également reçus maintes fois : Vuillard et Roussel (cf. chapitre 10), Thadée et Misia Natanson (cf. chapitre 14), Franc-Nohain et ses enfants, Antoine Lumière et ses fils, Maurice Donnay, Alfred Jarry, Georges Courteline, etc. En revanche, Marthe n'y séjourna pas avant 1913.

Cette propriété comprenait un pré, un verger et un vaste parc entourant la maison (chapitre 20), agrémenté de neuf bassins, qui tour à tour sont le théâtre de photographies (chapitre 5). Le Grand-Lemps est en effet très présent dans l'œuvre de Pierre Bonnard, qu'il s'agisse de ses tableaux (il en peignit de nombreux sur place), de ses illustrations (c'est ici que l'artiste exécuta en partie, entre 1892 et 1895, *Le Solfège* et les *Petites scènes familières,* réalisées en collaboration avec Claude Terrasse) et naturellement de ses photographies. Nous avons regroupé celles-ci en plusieurs chapitres, suivant les thèmes et la chronologie. Dans cette série, les enfants Terrasse (Marcel est encore présent) ont visiblement le même âge que dans la série précédente.

39 - Robert de dos, marchant
  Epreuve originale ancienne ; 3,6 x 5,2

40 - Marcel dans les bras de sa nourrice
  Epreuve originale ancienne ; 3,8 x 5

41 - Claude Terrasse et deux de ses enfants, Mme Prudhomme tenant Robert sur ses genoux et Andrée Terrasse
  Epreuve originale ancienne collée sur une page de carnet avec le n° 195 ; 5,7 x 8,3
  Le folio porte recto et verso l'inscription de la main de Bonnard *Grand-Lemps*

42 - Le chat au pelage bicolore (cf. n° 3) dressé sur un lit
  Epreuve originale ancienne ; 4,4 x 5,5

43 - Le chat au pelage bicolore couché sur un lit
  Epreuve originale ancienne ; 3,8 x 5,4

Chapitre 5 : Le Grand-Lemps, scènes de baignades - été 1899

Dans les lettres de jeunesse recomposées pour Tériade vers 1943 [1], Pierre Bonnard imagine une lettre qu'il aurait écrite à son frère Charles, alors militaire, après son arrivée au «Clos» : "J'espère que dimanche prochain tu auras ta permission et que nous serons tous réunis. Chaleur formidable. On fait trempette, les petits dans le bassin devant la maison et les grands dans la Boutasse. C'est charmant, le bain des gosses". [2]

Ces scènes se répéteront plusieurs années de suite pour le plus grand plaisir de Bonnard, mais c'est en 1899 que l'artiste peint toute une série de toiles sur le bain des enfants dans les bassins : dans les figures 4 et 5 (Dauberville n°s 191 et 192) on reconnaît le bassin octogonal reproduit en photo par Bonnard, au n° 173, et dans la figure 6 (Dauberville n° 1797), il s'agit cette fois du bassin à jet d'eau situé devant la façade du «Clos», cadre des prises de vue n°s 45 à 48. Quant à la «Boutasse», bassin rond du potager, photographiée au n° 44, elle a été également peinte par Bonnard. [3]

Les photographies de ce chapitre appartiennent manifestement à cette même année 1899 − l'âge des enfants est là pour le confirmer. Mais si un même intérêt pousse l'artiste à peindre et à photographier ce motif, il n'y a pas de rapports formels entre les compositions d'une technique à l'autre, sauf peut-être dans l'idée de faire du bassin sur la pelouse le centre d'une composition symétrique.

[1] *Cf. chapitre 1. L'ouvrage édité par Tériade s'intitule : Pierre Bonnard,* Correspondances, *Paris, 1944, p. 77.*
[2] Ibidem *p. 77.*
[3] *Cf. Charles Terrasse, 1927, p. 100, et Dauberville 548. Cette peinture daterait de 1909.*

44 - Le bassin dit « la Boutasse »
   Epreuve originale ancienne ; 3,3 × 4,8

45 - Andrée Terrasse, Charles et Jean
   Négatif original
   Planche 34

46 - Claude et Andrée Terrasse, Charles, Jean et Robert
   Négatif original
   Planche 35

47 - Claude Terrasse portant une amie vers le bassin,
   Andrée Terrasse, Charles et un autre enfant
   Epreuve originale ancienne tirée sur la même
   feuille que le n° 48 et collée sur une page de
   carnet avec les n°s 54 et 59 ; 3,6 × 5
   Inscription au verso du folio de la main de
   Bonnard : *Lemps*

48 - Charles et Jean se baignant, Robert près du
   bassin
   Epreuve originale ancienne tirée sur la même
   feuille que le n° 47 et collée sur une page de
   carnet avec les n°s 54 et 59 ; 3,6 × 5,2

49 - Andrée Terrasse, Charles et une nourrice,
   et la silhouette de Claude Terrasse (à gauche)
   Négatif original
   Planche 32

50 - Gros plan coupé de Robert et, derrière, Charles
   Epreuve originale ancienne tirée sur la même
   feuille que le n° 53 ; 3,8 × 5,3
   Planche 62

51 - Andrée Terrasse et Robert
   Epreuve originale ancienne tirée sur la même
   feuille que le n° 52 ; 3,8 × 5,1

52 - Andrée Terrasse et Robert
   Epreuve originale ancienne tirée sur la même
   feuille que le n° 51 ; 3,7 × 5,2

53 - Jean de profil s'essuyant, et divers personnages à l'arrière-plan
Deux épreuves originales anciennes dont une (image inversée) tirée sur la même feuille que le n° 50 ; 3,7 × 5,2 et 3,3 × 5,1

54 - Jean de face, plan coupé de Renée à droite et ombres de divers personnages au sol
Epreuve originale ancienne tirée sur la même feuille que le n° 59 et collée sur une page de carnet avec les n°s 47 et 48 ; 3,7 × 5,2

55 - Charles et plan coupé d'une nourrice
Epreuve originale ancienne ; 3,9 × 5,1
L'attitude de l'enfant a servi de modèle pour l'illustration de la couverture de l'ouvrage de René Boylesve, *la Leçon d'amour dans un parc*, 1902 - Planche VI
Planche 72

56 - Charles et une nourrice
Négatif original
Planche 33

57 - Andrée Terrasse essuyant Charles
Epreuve originale ancienne tirée sur la même feuille que le n° 58 ; 3,8 × 5,4
Planche 70

58 - Andrée Terrasse essuyant Charles, qui esquisse un mouvement de danse
Epreuve originale ancienne tirée sur la même feuille que le n° 57 ; 3,9 × 5,1
Planche 71

59 - Charles accroupi, Andrée Terrasse et Jean
Epreuve originale ancienne tirée sur la même feuille que le n° 54 et collée sur une page de carnet avec les n°s 47 et 48 ; 3,8 × 5
Planche 73

60 - Pierre Bonnard au bord d'un bassin jouant avec Renée, une nourrice tenant Robert, Charles, Jean dans le bassin, plan coupé d'Andrée Terrasse à gauche
Epreuve originale ancienne ; 5,6 × 7,7

Chapitre 6 : Le Grand-Lemps, autour de Vivette - août 1899

Eugénie, dite Vivette, le sixième enfant de Claude et Andrée Terrasse, était née le 11 avril 1899. On a déjà entrevu Vivette dans les bras de Mme Mertzdorff à Noisy-le-Grand (n° 35). La série de photographies présentées dans ce chapitre est prise l'été de cette même année au Grand-Lemps. On y retrouve, outre les parents et les enfants Terrasse, la grand-mère Mertzdorff et les cousins Prudhomme. Quant à la chèvre, visible sur les n°s 69 et 70, elle avait pour mission principale de nourrir Vivette qui ne supportait pas le lait de vache.

Le style de ces prises de vue montre dans l'ensemble une vision beaucoup plus sage, plus précise et plus sèche que ne l'est habituellement celle de Bonnard. Elles sont pourtant bien prises avec l'appareil du peintre, les épreuves étant simplement agrandies. Et malgré tout, certaines d'entre elles, les nᵒˢ 63 et 67 à 69, dont les liens avec le reste de la série sont par ailleurs étroits, sont si caractéristiques de la manière de Bonnard qu'il y a lieu d'admettre que l'ensemble de la série est bien de lui.

61 - Andrée Terrasse tenant Vivette sur ses genoux
Epreuve originale ancienne ; 5,7 × 8,1

62 - Andrée Terrasse tenant Vivette sur ses genoux
Epreuve originale ancienne ; 5,7 × 8,1

63 - Andrée Terrasse faisant boire du lait à un chat
en compagnie de Jean, Charles et Robert
Epreuve originale ancienne ; 5,7 × 8,1

64 - Mme Prudhomme tenant Vivette sur ses
genoux, entourée de Robert, Jean et Charles
Epreuve originale ancienne ; 5,7 × 8,3

65 - Mme Prudhomme, Pierre Bonnard tenant
Renée, et Charles
Epreuve originale ancienne ; 5,7 × 8,2

66 - Mme Prudhomme et Renée
Epreuve originale ancienne ; 5,7 × 8,2

67 - Mme Mertzdorff tenant Vivette sur ses genoux
et Andrée Terrasse cousant
Epreuve originale ancienne ; 5,8 × 8

68 - Mme Mertzdorff tenant Vivette sur ses genoux
et Andrée Terrasse cousant
Epreuve originale ancienne ; 5,8 × 8,1

69 - Claude Terrasse tenant une chèvre, Charles,
Renée et, à l'arrière-plan, Mme Eugène Bonnard
Deux épreuves originales anciennes ; 5,7 × 8,2

70 - Claude Terrasse tenant une chèvre, Mme Prudhomme s'abritant sous une ombrelle, Renée et Robert
Epreuve originale ancienne ; 5,9 x 8,2

71 - Claude Terrasse et le Dr Guillermin à la porte dite "porte du château"
Deux épreuves originales anciennes ; 5,7 x 8

Chapitre 7 : Le voyage de Bonnard, Vuillard et Roussel à Venise - 1899

Les trois artistes se rendirent à Venise en 1899, en passant par Milan et Vérone. Seuls subsistent de ce voyage huit négatifs de Bonnard (et deux épreuves provenant de ces négatifs) et une image de Roussel réalisée avec l'appareil de Bonnard sur un lac italien (H.C. 1). Comme pour le voyage d'Espagne (chapitre 13), on peut penser que Bonnard a pris d'autres images qui ne nous sont pas parvenues.

Par ailleurs, si les portraits que Vuillard semble prendre de Bonnard (au moment où ce dernier le photographie en compagnie de Roussel) dans les n°s 72 et 73 (planches 36 et 37) n'existent pas dans le fonds photographique de Vuillard, on y trouve deux autres photographies de l'artiste présentées en annexe à la fin de ce chapitre (H.C. 2 et 3).

72 - Roussel en compagnie de Vuillard qui photographie Bonnard ; à l'arrière-plan, la basilique Saint-Marc
Négatif original
Planche 36

73 - Roussel en compagnie de Vuillard qui photographie Bonnard ; à l'arrière-plan, le palais des Doges
Négatif original
Planche 37

74 - La place Saint-Marc
Négatif original

75 - La place Saint-Marc
Négatif original

76 - La Piazzetta, la basilique Saint-Marc et le palais des Doges
Négatif original
Epreuve originale ancienne tirée sur la même feuille que le n° 77 ; 3,5 x 5,1

77 - Le quai des Esclavons pris du môle
Négatif original
Epreuve originale ancienne tirée sur la même feuille que le n° 76 ; 3,5 x 5,1

78 - Vue de San Giorgio Maggiore
    Négatif original
    En rapport avec un dessin à la mine de plomb
    de Bonnard, coll. part., Paris. cf. la photo-
    graphie de Vuillard (H.C. 2) montrant Bonnard
    dessinant un motif qui pourrait être San
    Giorgio

79 - Un canal
    Négatif original

H.C. 1 - Prise de vue de Ker-Xavier Roussel avec
    l'appareil de Bonnard :
    Bonnard et Vuillard à bord d'un bateau
    naviguant sur le lac de Côme ou le lac
    de Garde
    Négatif original

H.C. 3 - Edouard Vuillard
    Bonnard tenant son appareil de photo-
    graphie en compagnie de Roussel
    (épreuve ancienne du fonds Vuillard)
    cf. détail fig. 14

H.C. 2 - Edouard Vuillard :
    Bonnard et Roussel sur les marches d'une
    colonne de la Piazzetta (épreuve ancienne
    du fonds Vuillard)

Chapitre 8 : Le Grand-Lemps, la cueillette des fruits - 1899-1900

Ces scènes de cueillette se répétaient bien sûr annuellement. Dans la lettre fictive à son frère Charles où il est question de baignade [1], Pierre Bonnard mentionne également la cueillette : "Des fruits, il y en a des masses. Maman fait son tour toutes les après-midi avec son panier. C'est gentil aussi de voir la cousine dans le grand pêcher au milieu des branches et du ciel bleu ..."

Autour de 1899 Pierre Bonnard a peint toute une série de cueillettes au Grand-Lemps (Dauberville nᵒˢ 189, 190, 200 et 204).

La composition des photographies montrant des cueillettes, contemporaines des peintures, n'a rien à voir avec ces dernières, mais l'esprit de ces images est cependant caractéristique de l'art de Bonnard.

[1] *Cf. chapitre 5, note 1.*

80 - Andrée Terrasse, un enfant à ses côtés, et, à
    l'arrière-plan, Renée
    Négatif original
    Planche 31

81 - Andrée Terrasse et Renée
    Négatif original
    Planche 30

82 - Scène avec divers personnages, dont Andrée
Terrasse, et au premier plan, Renée
Epreuve originale ancienne tirée sur la même
feuille que les n°s 84, 97 et 98 ; 3,9 × 5,1
Planche 68

83 - Scène avec divers personnages, dont Andrée
Terrasse, et au premier plan, à droite, un
chapeau de paille
Epreuve originale ancienne tirée sur la même
feuille que les n°s 85, 97 et 98 ; 3,6 × 5,2
Planche 69

84 - Scène avec divers personnages
Epreuve originale ancienne tirée sur la même
feuille que les n°s 82, 97 et 98 ; 3,9 × 5

85 - Scène avec divers personnages
Epreuve originale ancienne tirée sur la même
feuille que les n°s 83, 97 et 98 ; 3,7 × 5,2

Chapitre 9 : Le Grand-Lemps, diverses scènes familiales - 1899-1900

Nous avons rassemblé dans ce chapitre diverses scènes qui ont le Grand-Lemps pour décor et se situent probablement vers 1899-1900, mais ne traitent aucun des thèmes déjà rencontrés, tels la baignade, les cueillettes ou le rassemblement autour de Vivette bébé.

Les n°s 86 et 87, montrant la silhouette isolée d'Andrée Terrasse vue d'assez loin dans un paysage touffu − qui n'est pas sans rappeler un tableau de 1892, la *Jeune femme dans un paysage* (Dauberville n° 37) et les n°s 89 à 92, qui forment manifestement une suite, pourraient cependant très bien s'intégrer dans la série "autour de Vivette" et les n°s 96 et 98 compléter une des scènes de cueillette.

Enfin, l'admirable "Coin de table dans le jardin" (n° 99), sur lequel on reconnaît la façade et le parc du Grand-Lemps, montre des personnages qui n'ont pu être identifiés parmi la famille Terrasse.

86 - Andrée Terrasse devant une charmille
Epreuve originale ancienne tirée sur la même
feuille que le n° 87 et collée sur une page de
carnet avec les n°s 91 et 92 ; 3,7 × 5,1
Le folio porte au verso de la main de Bonnard
l'inscription *Moucherote*.
Planche 78

87 - Andrée Terrasse de dos, devant une charmille
Epreuve originale ancienne tirée sur la même
feuille que le n° 86 et collée sur une page de
carnet avec les n°s 91 et 92 ; 3,8 × 5,1

88 - Claude Terrasse de face, les mains sur les hanches
Epreuve originale ancienne ; 3,5 × 5,5

89 - Charles debout derrière une table
Epreuve originale ancienne ; 8,6 × 5,6

90 - Charles et Jean sur un tricycle mené par un cheval en bois
Epreuve originale ancienne ; 5 × 8,1

91 - M. Prudhomme assis tenant Charles serré contre lui
Deux épreuves originales anciennes dont une collée sur une page de carnet avec les n°s 86, 87 et 92 ; 5,6 × 8 et 5,6 × 8,3

92 - Robert et Renée au premier plan, Charles et Jean à l'arrière-plan
Epreuve originale ancienne collée sur une page de carnet avec les n°s 86, 87 et 91 ; 5,8 × 8,5

93 - Jean et Charles tenant un polichinelle
Epreuve originale ancienne ; 5,7 × 8,1

94 - Mme Eugène Bonnard regardant Charles assis sur une table
Epreuve originale ancienne ; 5,7 × 8,2

95 - Renée assise sur une table et tenant une poupée dans ses bras
Epreuve originale ancienne ; 5,7 × 8,1

96 - Robert tenant un polichinelle
Epreuve originale ancienne ; 5,6 × 8,2

97 - Robert tenant son fusil "Eureka", Charles de dos et Renée à l'arrière-plan
Deux épreuves originales anciennes dont l'une tirée sur la même feuille que les nos 98, 83 et 85 et l'autre sur la même feuille que les nos 98, 82 et 84 ; 3,8 × 5,2
Planche 67

98 - Visage en gros plan de Renée
Deux épreuves originales anciennes dont l'une tirée sur la même feuille que les nos 97, 83 et 85, l'autre sur la même feuille que les nos 97, 82 et 84
Planche 76

99 - Coin de table dans le jardin avec divers personnages non identifiés, et un chat en bas à droite sur la table ?
Négatif original dont un fragment manque en bas
Planche 61

Chapitre 10 : Le Grand-Lemps, la visite de Vuillard et Roussel - printemps 1900

Les peintres Vuillard et Roussel se rendirent en compagnie de Bonnard dans la propriété familiale du Grand-Lemps en avril-mai 1900. C'est la dernière année où la grand-mère Mertzdorff, qui devait mourir le 11 juin, apparaît sur les photographies.

Le séjour de Vuillard et Roussel ne nous est pas seulement retracé par les images de Bonnard, mais par une très belle série de photographies dues à Vuillard (cf. Annexe Vuillard A à G et planches 81 à 85) dont l'une nous montre Bonnard s'apprêtant à réaliser une prise de vue de Renée (planches 81 et 82 ; cf. notice n° 103).

100 - Vuillard tenant son appareil Kodak
Négatif original
Epreuve originale ancienne tirée sur la même feuille que le n° 105 ; 3,8 × 5,5
Planche 42

101 - Vuillard tenant son appareil Kodak, et Renée
Négatif original
Planche 38

102 - Renée, le visage face à l'objectif de Bonnard
Négatif original
Planche 40

103 - Renée, le visage tourné vers l'objectif de Vuillard
Négatif original
Cf. la photographie de Vuillard montrant Bonnard en train de prendre cette photographie, planches 81 et 82
Planche 41

104 - Roussel marchant devant Renée
Négatif original
Planche 39

105 - Mme Mertzdorff, Renée et à droite plan coupé de Roussel
Négatif original
Epreuve originale ancienne tirée sur la même feuille que le n° 100 ; 3,8 × 5,1
Planche 43

106 - Mme Mertzdorff assise et, à côté, Vivette sur les genoux de sa nourrice
Négatif original

107 - Une femme, Renée et une petite fille tenant des bouquets de fleurs, à droite Andrée Terrasse portant Vivette
Epreuve originale ancienne ; 5,7 × 8,3

Chapitre 11 : Nus de Marthe dans l'appartement parisien de Bonnard - 1899-1900

Ce chapitre rassemble la première série de nus photographiques que Bonnard réalisa de Marthe, ceci quelque six ou sept ans après l'avoir rencontrée. De cette série, l'artiste a tiré (ou fait tirer) un nombre relativement important d'épreuves, mais par la suite la majorité des négatifs a disparu.

La scène se déroule dans un coin de l'appartement de Bonnard, sans doute celui contigu à l'atelier du 65 rue de Douai. Marthe pose sur un lit installé devant la cheminée que l'on retrouve dans *Intérieur* ou *Salle à manger* (Dauberville 215) ; à gauche de cette cheminée on voit un tissu d'indienne présent dans plusieurs tableaux, notamment dans *La Sieste* (Dauberville 227). Quelques tableaux de cette période présentent Marthe couchée sur un lit : une œuvre comme le *Nu couché, bras levé* de 1898 (Dauberville 183) montre des rapports d'attitude avec les photographies, alors que *L'Indolente* de 1899 (Dauberville 219) et *La Sieste* de 1900 (planches X et IX) témoignent d'une mise en scène beaucoup plus élaborée.

Mais c'est surtout avec plusieurs illustrations du *Parallèlement* de Verlaine, ouvrage édité par Vollard et qui parut en septembre 1900, que des rapprochements s'imposent avec ces photographies, puisque plusieurs figures de femmes, dans lesquelles on reconnaît Marthe, proviennent de celles-ci, sans doute de façon moins littérale que dans les illustrations du *Daphnis et Chloé* en rapport avec les photographies du chapitre 12. Ces rapprochements, que l'on trouvera précisés dans les notices des photographies, permettent de dater cette série de nus dans un intérieur de 1899 ou du début de 1900.

 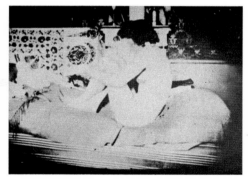 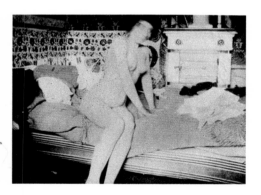

108 - Marthe assise, de profil sur le lit, la jambe gauche pendante
Négatif original
Deux épreuves originales anciennes dont une tirée sur la même feuille que le n° 112 ; 4 × 5,1 et 3,8 × 5,1
En rapport avec l'illustration de la dernière strophe de «Limbes» (p. 77) pour le *Parallèlement* de Verlaine (Bouvet 73, p. 122) ; planche II
Planche 17

109 - Marthe assise, de profil, les bras entourant ses jambes repliées
Deux épreuves originales anciennes dont une tirée sur la même feuille que le n° 113 ; 3,8 × 5,1

110 - Marthe de trois quarts, assise sur le lit, faisant face à l'objectif, le corps penché en avant
Négatif original
Epreuve originale ancienne ; 3,8 × 5,1

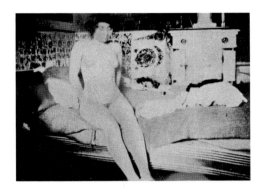

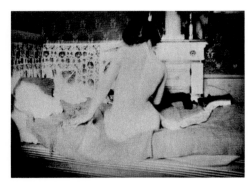

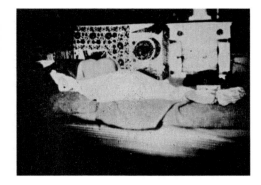

111 - Marthe de trois quarts, assise sur le lit, faisant face à l'objectif, le corps penché en arrière
Epreuve originale ancienne ; 3,8 × 5,1

112 - Marthe assise sur le lit, vue de dos
Négatif original
Epreuve originale ancienne tirée sur la même feuille que le n° 108 ; 3,8 × 5,1
En rapport avec l'illustration de la dernière strophe d'«Allégorie» (p. 6) et celle des deux dernières strophes d'«Été» (p. 18) pour le *Parallèlement* de Verlaine (Bouvet 73, pp. 108 et 110), planche III
Planche 16

113 - Marthe allongée sur le ventre, vue de dos, les épaules redressées
Epreuve originale ancienne tirée sur la même feuille que le n° 109 ; 3,7 × 5,2

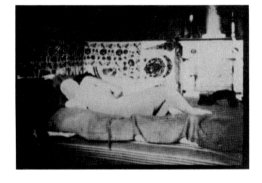

114 - Marthe allongée sur le côté gauche, vue de dos, visage caché
Epreuve originale ancienne tirée sur la même feuille que le n° 116 ; 3,8 × 5,1

115 - Marthe allongée sur le côté gauche, vue de dos, visage relevé
Trois épreuves originales anciennes dont une tirée sur la même feuille que le n° 117 ; 4 × 5

116 - Marthe allongée sur le dos, une jambe relevée
Deux épreuves originales anciennes dont une tirée sur la même feuille que le n° 114 ; 3,8 × 5,1

117 - Marthe couchée sur le dos, les jambes relevées, le visage dissimulé en partie par une table
Trois épreuves originales anciennes dont une tirée sur la même feuille que le n° 115 ; 3,8 × 5,1

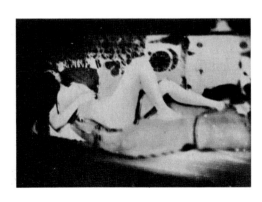

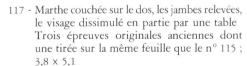

Chapitre 12 : Nus de Marthe et de Bonnard dans un jardin de Montval - 1900-1901

Cette série de nus de Marthe et de Bonnard a été réalisée dans le jardin d'une maison située 5 rue de la Montagne à Montval, près de Marly-le-Roi, que l'artiste loua vers 1900. Charles Terrasse, qui décrit la contrée et la maison [1], souligne que Bonnard fut peut-être attiré par le voisinage de Maurice Denis à Saint-Germain-en-Laye et celui de Roussel à L'Etang-la-Ville.

[1] *Charles Terrasse, 1927, pp. 86-90.*

On retrouve cette maison et ce jardin de Montval dans une série de photographies un peu plus tardives prises lors d'une visite de Charles Bonnard à son frère (chapitre 15) ; dans certaines de ces images (n°s 152 et 153), on aperçoit le mur surmonté d'un treillage que l'on retrouve (dans son prolongement) dans la photographie qui ouvre cette série de nus de Marthe (n° 118). La série a été réalisée dans le jardin, non loin de ce mur, qui, situé dans l'axe de la façade principale, sépare une cour d'entrée du jardin proprement dit.

On trouve dans *Daphnis et Chloé* plusieurs illustrations très proches des photographies de cette série et qui en découlent certainement (cf. les notices) et au moins une planche qui en constitue une interprétation littérale (n° 129). *Daphnis,* également édité par Vollard, ayant paru en 1902, on peut dater cette série de 1900-1901, étant entendu qu'aucune de ces photographies n'a servi pour *Parallèlement.* La présence des nus de Bonnard, dont la prise de vue a été assurée par Marthe, et aussi certaines attitudes des protagonistes, peut suggérer que l'ensemble de ces images a été réalisé en vue de la préparation de *Daphnis et Chloé,* l'artiste et sa compagne, que l'on reconnaît parfois dans les planches lithographiées, s'identifiant et servant de modèles au chevrier et à la bergère. Si tel était le cas, ces images auraient été réalisées très peu de temps après septembre 1901, date où Vollard passa à Bonnard la commande de l'ouvrage. Par ailleurs, dans plusieurs images Marthe et Bonnard semblent simuler des scènes de bain (plutôt que se laver réellement) ; ces scènes auraient alors été faites pour étudier des attitudes en vue de peintures.

118 - Marthe assise en chemise de nuit
Négatif original
Epreuve originale ancienne tirée sur la même
feuille que le n° 132 ; 3,8 × 5,5
Planche 1

119 - Marthe debout en chemise de nuit
Négatif original

120 - Marthe de profil, enlevant sa chemise de nuit
Négatif original
Planche 3

121 - Marthe de profil, regardant l'objectif
Négatif original

122 - Marthe de dos, tenant sa chemise de nuit
Négatif original
Planche 2

123 - Marthe de face, se frottant l'abdomen
Négatif original
Epreuve originale ancienne (image inversée),
tirée sur la même feuille que le n° 151
(négatifs séparés) ; 3,6 × 5,3

124 - Marthe de face, se frottant l'épaule droite
Négatif original
Epreuve originale ancienne (image inversée),
tirée sur la même feuille que le n° 128 ;
3,9 × 5,6

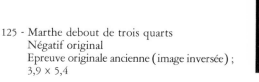

125 - Marthe debout de trois quarts
Négatif original
Epreuve originale ancienne (image inversée) ;
3,9 × 5,4

126 - Marthe de face, se baissant pour prendre un arrosoir
Négatif original
Epreuve originale ancienne (image inversée), tirée sur la même feuille que le n° 127 ; 3,8 × 5,3

127 - Marthe de face, saisissant l'anse d'un arrosoir
Négatif original
Epreuve originale ancienne (image inversée), tirée sur la même feuille que le n° 126 ; 3,8 × 5,2

128 - Marthe de profil, s'essuyant la jambe
Négatif original
Epreuve originale ancienne (image inversée), tirée sur la même feuille que le n° 124 ; 3,9 × 4,6
Planche 4

129 - Marthe debout au soleil
Négatif original
Epreuve originale ancienne tirée sur la même feuille que le n° 131 ; 3,8 × 5
Cf. l'illustration pour *Daphnis et Chloé* (Bouvet 75, p. 150) ; planche IV
Planche 5

130 - Marthe de face, se baissant, la main droite au sol
Négatif original
Epreuve originale ancienne tirée sur la même feuille que le n° 137 ; 3,8 × 5,3
Planche 6

131 - Marthe accroupie
Négatif original
Epreuve originale ancienne tirée sur la même feuille que le n° 129 ; 3,7 × 5,2
Planche 7

132 - Marthe debout près d'une chaise
Négatif original
Epreuve originale ancienne tirée sur la même feuille que le n° 118 ; 3,7 × 5,1
Planche 10

133 - Marthe de profil, sur le point de s'asseoir, tenant sa chemise de nuit
Négatif original
Epreuve originale ancienne tirée sur la même feuille que le n° 134 ; 3,9 × 5,1
Planche 8

134 - Marthe assise, la main gauche à la nuque
Négatif original
Epreuve originale ancienne tirée sur la même feuille que le n° 133 ; 3,9 × 5,3
Planche 9

135 - Marthe assise, la main gauche sur son sein droit
Négatif original
Epreuve originale ancienne ; 3,9 × 5,1
Planche 11

136 - Prise de vue de Marthe :
Pierre Bonnard examinant le feuillage d'un arbre
Négatif original
En rapport avec l'illustration pour *Daphnis et Chloé* (Bouvet 75, p. 157) ; fig. 10
Planche 13

137 - Prise de vue de Marthe :
Pierre Bonnard penché en avant se frottant le genou droit
Négatif original
Epreuve originale ancienne tirée sur la même feuille que le n° 130 ; 3,9 × 5,1
Planche 12

138 - Prise de vue de Marthe :
Pierre Bonnard de profil, assis dans l'herbe
Négatif original
Epreuve originale ancienne (image inversée), tirée sur la même feuille que le n° 139 ; 3,6 × 5,5
Planche 14

139 - Prise de vue de Marthe :
Pierre Bonnard de dos, assis dans l'herbe
Négatif original
Epreuve originale ancienne (image inversée), tirée sur la même feuille que le n° 138 ; 3,6 × 5,3
En rapport avec l'illustration pour *Daphnis et Chloé* (Bouvet 75, p. 164) ; planche V
Planche 15

Chapitre 13 : Le voyage en Espagne de Bonnard, Vuillard, Antoine et Emmanuel Bibesco - début de l'année 1901

Au cours de ce voyage, Bonnard, Vuillard et Emmanuel Bibesco ont chacun réalisé des photographies. Quelque soixante-dix images du prince Bibesco ont fait récemment l'objet d'un don au Musée d'Orsay ; elles présentent des paysages, des vues d'architecture et plusieurs portraits de Bonnard et de Vuillard en excursion dans différents lieux. Bien qu'il ne soit pas exclu par le style de certaines prises de vue que Bonnard ait opéré lui-même avec l'appareil d'Emmanuel Bibesco, nous n'avons retenu dans ce catalogue que les quelques photographies qui suivent, dans la mesure où elles se présentent sous la forme caractéristique des épreuves provenant des négatifs de Bonnard. L'artiste a certainement réalisé beaucoup d'autres photographies que celles-ci durant le voyage d'Espagne, qui ne nous sont pas parvenues.

Par ailleurs, Juliet Wilson Bareau, dans un récent article consacré aux relations entre Edouard Vuillard et les princes Bibesco [1], a publié plusieurs photographies d'Emmanuel Bibesco à partir du fonds Vuillard (qui présente plus d'annotations de lieux que le fonds d'Orsay), ainsi qu'une photographie prise par Vuillard montrant Bonnard et Emmanuel Bibesco au Gran Hôtel Inglès à Madrid. On y reconnaît le décor de la chambre où Bonnard a réalisé les deux portraits de Vuillard de ce chapitre (n°s 140 et 141). On observera que pour ce premier portrait Bonnard donne un titre à sa photographie, ce qui est exceptionnel. J. Wilson Bareau a établi d'après les archives de Vuillard réunies par Antoine Salomon la date de ce voyage, début 1901, et quelques étapes de son itinéraire : Tours, Perpignan, Hendaye, Saragosse, Gérone, Madrid, Tolède, Cordoue, Grenade, Séville, etc. On ajoutera que beaucoup d'images d'Emmanuel Bibesco et plusieurs de Bonnard présentent des petits villages, sans doute d'Andalousie, qu'il est difficile, voire impossible, de localiser.

[1] *Juliet Wilson Bareau*, La Revue de l'Art, *n° 74, pp. 38 et 39.*

140 - Vuillard assis dans une chambre du Gran
Hôtel Inglès à Madrid
Deux épreuves originales anciennes dont
une tirée sur la même feuille que les n°s 141,
142 et 143 ; 3,6 × 5,1
Inscription au verso de l'épreuve de la main
de Bonnard : *Le fumeur d'opium*

141 - Vuillard debout dans une chambre du Gran
Hôtel Inglès à Madrid
Epreuve originale ancienne tirée sur la même
feuille que les n°s 140, 142 et 143 ; 3,8 × 5,3

142 - Emmanuel Bibesco, devant un paysage (sur
le point de prendre un portrait de Bonnard ?)
Epreuve originale ancienne tirée sur la même
feuille que les n°s 143, 140 et 141 ; 3,8 × 5,1

143 - Façade sur jardin d'un bâtiment en Andalousie
Epreuve originale ancienne tirée sur la même
feuille que les n°s 142, 140 et 141 ; 3,8 × 5,1

144 - Une ville prise d'une terrasse
Epreuve originale ancienne tirée sur la même
feuille que les n°s 145, 146 et 147 ; 3,8 × 5,1

145 - Colonnes d'un portique
Epreuve originale ancienne tirée sur la même
feuille que les n°s 144, 146 et 147 ; 3,8 × 4,7

146 - Place d'un village pris d'une hauteur (au
Pays basque ?)
Epreuve originale ancienne tirée sur la même
feuille que les n°s 147, 144 et 145 ; 3,8 × 5,1

147 - Un plateau avec au loin quelques maisons
et une église
Epreuve originale ancienne tirée sur la même
feuille que les n°s 146, 144 et 145 ; 3,8 × 5,1

Il nous semble reconnaître dans cette photographie Thadée Natanson, (ou un de ses frères ?) en compagnie de sa femme Misia, et sa belle-sœur Ida Godebska. Ils sont ici photographiés en 1902, selon un mode cher à Bonnard pour les groupes, et qui ne manque pas d'humour.

148 - Du premier au dernier plan : Andrée Terrasse, Ida Godebska, Misia Godebska et Thadée Natanson ; à droite, Renée contemple la scène.
Epreuve originale ancienne ; 11 x 8

Chapitre 15 : Montval, scènes familiales - vers 1902

Ce chapitre rassemble les visites à Montval, près de Marly-le-Roi, de différents personnages, et plus particulièrement de Charles Bonnard et sa famille. Il n'est pas impossible que cette série d'images (ou certaines d'entre elles) ait été réalisée l'année où Bonnard exécuta les nus de Marthe dans le jardin de cette même maison (chapitre 12). Elle a pu voir le jour un peu plus tardivement, ceci en raison de l'âge des personnages. Notons que Charles se maria en 1900 et que c'est la première fois que son épouse apparaît sur les photographies. Un nu de Marthe (n° 123) a été tiré en commun avec une scène de cette série (n° 151), mais les négatifs sont séparés sur la feuille et ne se suivaient certainement pas sur la pellicule.

Un personnage de cette série nous semble être le lithographe Clot (n° 158), l'imprimeur de Vollard, que l'on retrouve dans une photographie de Vuillard prise dans le jardin de la maison de Roussel à L'Etang-la-Ville vers 1902 [1]. Sa présence à Montval s'explique par la parution cette même année de *Daphnis et Chloé* chez Vollard, à moins que sa visite n'ait eu lieu en 1900 à l'occasion de la publication de *Parallèlement*.

Beaucoup de ces images nous permettent de comprendre l'organisation de la propriété de Montval, qui existe toujours, mais a subi quelques légères transformations. On pénètre dans une sorte de cour par une porte située dans l'axe de la façade latérale du bâtiment (n° 165) et dans le jardin par la petite porte visible sur le n° 164. Les personnages des n° 151, 153 à 155 posent devant cette porte côté jardin. La façade principale de la maison (n° 156 à 159) présente trois ouvertures cintrées et un décor à motifs géométriques peints qui a aujourd'hui disparu. Les scènes 149 et 150 se déroulent dans le jardin, non loin de l'endroit où Bonnard a réalisé les nus de Marthe.

[1] *Jacques Salomon et Annette Vaillant, 1963, p. 17.*

149 - Charles et Eugénie Bonnard, Marthe et deux petites filles
Négatif original
Planche 47

150 - Charles et Eugénie Bonnard, Marthe et silhouette d'une petite fille au premier plan à droite
Négatif original
Planche 46

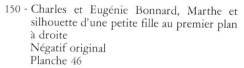

151 - Scène de la vie conjugale :
Charles et Eugénie Bonnard
Négatif original
Epreuve originale ancienne (image inversée) tirée sur la même feuille que le n° 123 (négatifs séparés) ; 3,6 x 5,6
Planche 49

152 - Scène de la vie conjugale :
Charles et Eugénie Bonnard
Négatif original
Planche 48

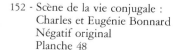

153 - Charles Bonnard de face, appuyé contre le
mur du jardin
Négatif original

154 - Une petite fille
Négatif original
Planche 50

155 - Une petite fille couronnée d'une feuille de
marronnier
Négatif original
Planche 51

156 - Marthe devant la façade principale de la
maison
Négatif original

157 - Marthe, visage baissé, devant la façade principale de la maison
Négatif original

158 - Le lithographe Clot, imprimeur de Vollard
Négatif original
Epreuve originale ancienne tirée sur la même
feuille que le n° 159 : 4 × 5,5

159 - Pierre Bonnard devant la façade principale
de la maison
Négatif original
Epreuve originale ancienne tirée sur la même
feuille que le n° 158 : 3,7 × 5,2

160 - Cheval dans un enclos (la cour)
Négatif original

161 - Cheval broutant l'herbe dans un enclos
Négatif original

162 - Cheval en mouvement, dans la partie de l'enclos donnant sur le jardin
Négatif original

163 - Militaire caressant le cheval
Négatif original

164 - Militaire caressant le cheval qui broute l'herbe
Négatif original

165 - Marthe s'approchant du cheval
Négatif original
Planche 44

166 - Marthe caressant le cheval
Négatif original
Planche 45

167 - Une domestique portant un panier
Négatif original

168 - Couple de domestiques
Négatif original

Chapitre 16 : Paris, scènes de famille dans l'atelier de Bonnard, rue de Douai - vers 1902-1903

En 1899, Bonnard quitta son atelier des Batignolles pour s'installer 65 rue de Douai : "L'autre jour, je passe rue de Douai et je vois : atelier avec appartement à louer − je visite : une vue admirable de l'atelier sur les jardins du couvent et sur Montmartre. Ma foi j'ai fait la folie en escomptant un peu l'avenir, et j'ai loué ..." [1]. Il y resta jusqu'en 1907, date où il déménagera du 65 pour le 60 de la même rue.

La série est manifestement contemporaine du portrait peint de Claude Terrasse (planche XIII) et du portrait de Charles par Bonnard (figure 8) qu'on peut dater comme celui de son père de 1902-1903 (cf. n° 171).

(1) *Lettre de Pierre Bonnard à sa mère, automne 1899 : citée dans les éléments de biographie du catalogue de l'exposition Bonnard, Paris, MNAM, 1984, p. 249.*

169 - Réunis à table sous le buste Antinoüs : Claude Terrasse au premier plan à gauche, M. Prudhomme, Mme Eugène Bonnard, Mme Prudhomme et au premier plan à droite Charles et un autre enfant
Epreuve originale ancienne tirée sur la même feuille que les n°s 170, 184 et 185 ; 3,8 × 5,1
Planche 74

170 - Charles tirant la langue
Epreuve originale ancienne tirée sur la même feuille que les n°s 169, 184 et 185 ; 3,8 × 5,1
Planche 75

171 - Sur le balcon de l'atelier, du premier au dernier plan : Charles et Jean, Mme Redon (cachée par les enfants), Mme Schopfer et Andrée Terrasse
Epreuve originale ancienne ; 11 × 8,1
Bonnard a peint un portrait de Charles portant le même costume, et certainement contemporain de la photographie (Dauberville 1848), cf. figure 8

172 - Sur le balcon de l'atelier : Charles, Jean et Pierre Bonnard
Epreuve originale ancienne ; 7,9 × 10,9

Chapitre 17 : Le Grand-Lemps, visite de Henri Jacotot - vers 1902-1903

Henri Jacotot, musicien et chanteur, ami de Claude Terrasse, et qui se produisit au théâtre des Pantins, vint plusieurs fois au Grand-Lemps. Il semble qu'il soit ici photographié vers 1902-1903. Cette date est suggérée par l'âge des enfants Terrasse et par l'allure de Claude Terrasse, qui dans ces photographies porte la même barbe que dans le tableau peint par Bonnard, aujourd'hui conservé au musée d'Orsay (planche XIII) et couramment daté de 1902-1903.

On sait que Henri Jacotot mourut très jeune ; on trouve encore des chansons de lui publiées en 1908, mais peut-être s'agit-il de publications posthumes.

173 - Andrée Terrasse et ses enfants dans un bassin
Epreuve originale ancienne collée sur une page de carnet avec le n° 175 ; 5,5 × 8,2
Les épreuves cachent en partie un dessin d'amateur représentant Claude Terrasse portant la barbe (vers 1902) ; le folio porte au verso de la main de Bonnard l'inscription *Dessin.*

174 - Jacotot dressé au centre d'un bassin dans lequel se baignent les enfants Terrasse, et Charles lisant au bord du bassin
Epreuve originale ancienne collée sur une page de carnet avec le n° 178 ; 5,8 × 8,1

175 - Claude Terrasse dressé au centre d'un bassin dans lequel se baignent les enfants Terrasse ; à droite, Jacotot
Epreuve originale ancienne collée sur une page de carnet avec le n° 173 ; 5,8 × 8,3

176 - Claude Terrasse accroupi au centre d'un bassin dans lequel se baignent les enfants Terrasse ; sur les bords du bassin, Andrée Terrasse et Jacotot les regardent
Epreuve originale ancienne collée sur une page de carnet avec le n° 177 ; 5,9 x 8,15

177 - Claude Terrasse et Jacotot se baignant dans un bassin ; à droite, Charles regarde la scène
Epreuve originale ancienne collée sur une page de carnet avec le n° 176 ; 5,8 x 8,1

178 - Claude Terrasse et Jacotot faisant des facéties dans un bassin ; à droite, Charles regarde la scène
Epreuve originale ancienne collée sur une page de carnet avec le n° 174 ; 5,9 x 8,2

179 - Claude Terrasse et Jacotot luttant
Epreuve originale ancienne collée sur une page de carnet avec le n° 183 ; 5,7 x 8,2

180 - Claude Terrasse et Jacotot luttant
Epreuve originale ancienne collée sur une page de carnet avec le n° 181 ; 5,7 x 8,2
Planche 64

181 - Claude Terrasse faisant tomber Jacotot
Epreuve originale ancienne collée sur une page de carnet avec le n° 180 ; 6 x 8,1
Planche 65

182 - Jacotot maintenant Claude Terrasse à terre
Epreuve originale ancienne ; 5,8 x 8,1

183 - Jacotot ceinturant Claude Terrasse à terre
Epreuve originale ancienne collée sur une page de carnet avec le n° 179 ; 5,7 x 8,3

Ces deux scènes, difficiles à identifier, ont été tirées en même temps que celles de l'atelier du 65 rue de Douai. On peut donc supposer qu'elles leur sont contemporaines. Le cadre, une grande ferme, paraît bien se situer dans le Dauphiné. Dans ce cas, la silhouette féminine marchant ne saurait être Marthe Bonnard, qui n'y vint qu'à partir de 1913. Le personnage assis et portant un chapeau sur l'autre prise de vue n'est pas davantage reconnaissable.

184 - Une femme marchant dans la campagne ;
au fond, une grande ferme
Epreuve originale ancienne tirée sur la même
feuille que les n°s 185, 169 et 170 ; 3,8 × 5,3

185 - Un personnage coiffé d'un chapeau assis
dans la campagne ; au fond, une grande ferme
Epreuve originale ancienne tirée sur la même
feuille que les n°s 184, 169 et 170 ; 3,8 × 5,3

Chapitre 19 : Le Grand-Lemps, diverses scènes familiales, dont la baignade - 1903-1905

Ce chapitre rassemble les dernières photographies de Bonnard prises au Grand-Lemps qui nous soient parvenues et nous montre encore les jeux des enfants Terrasse, qui deviennent dans les dernières images presque des adolescents. Les deux photographies de baignade (n°s 186 et 187) qui attestent de la maîtrise de l'instantané à laquelle l'artiste est parvenu, peuvent dater de 1903, alors que les portraits de Charles et de Jean (n°s 192 et 193) ont dû être réalisés en 1904-1905. Nous avons placé dans ce chapitre la seule photographie connue de Frédéric et Madeleine (n° 191), les enfants de Charles Bonnard, image qui s'assimile par le thème aux n°s 189 et 190, et que nous pensons être de l'artiste ; la prise de vue a pu en être faite non pas au Grand-Lemps, mais dans le jardin de la maison de Charles Terrasse à Romainville.

186 - La baignade : Vivette (au premier plan à
droite) et deux autres enfants avec une
nourrice
Négatif original
Planche 52

187 - La baignade : Vivette (au premier plan),
Robert (à l'arrière-plan) et deux autres
enfants
Négatif original
Planche 53

188 - Jean montant Trotty, Robert poussant
Renée et, au premier plan, un chien
Négatif original
Planche 55

189 - Robert poussant Renée dans une carriole
Négatif original
Planche 54

190 - Claude Terrasse assis dans une carriole menée
par Trotty au milieu de divers personnages
Epreuve originale ancienne ; 5,8 × 8,05

191 - Frédéric Bonnard poussant Madeleine
Bonnard en carriole
Epreuve originale ancienne ; 7,8 × 11

192 - Charles souriant, de face à mi-corps
Epreuve originale ancienne ; 4,1 × 5,1

193 - Jean à bicyclette ; au premier plan à droite,
silhouette coupée d'un enfant
Epreuve originale ancienne ; 2,9 × 5,3

194 - Bonnard montant Trotty
Epreuve originale ancienne ; 3,8 × 5,2

Chapitre 20 : Le Grand-Lemps, le domaine du «Clos» - date indéterminée

Il est évidemment impossible de dater ces deux prises de vue dénuées de toute figuration. «Le Clos» comprenait en fait deux parties : la maison bourgeoise, des années 1850, entourée de son parc et de son jardin, et le «château Sarrazin», beaucoup plus ancien, qui fut acquis par la famille Bonnard vers 1899. Bonnard avait dessiné la tour de ce bâtiment, vue sous le même angle que dans la photographie, mais en hiver semble-t-il, vers 1894-1895, si l'on en croit la date donnée au carnet dont ce dessin est extrait.

195 - La tour et la toiture du «château Sarrazin»
Epreuve originale ancienne collée sur une
page de carnet avec le n° 41 ; 5,7 × 8,3
Bonnard a dessiné le même motif au cours
d'une autre saison dans un carnet de croquis
daté de 1894-95 (coll. part.), fig. 2

196 - Vue de la façade principale du «Clos»
Epreuve originale ancienne ; 5,7 × 7,6

Chapitre 21 : Modèle nu dans l'atelier parisien de Bonnard - vers 1905

Les négatifs de cette série ont disparu et seules subsistent des épreuves en médiocre état. On reconnaît cependant dans le n° 198 un modèle que Bonnard a peint en plusieurs circonstances vers 1905. On retrouve notamment ce modèle dans une situation et un décor très proches des photographies dans le *Nu à la chemise* ou *Nu à la chaise* (Dauberville 369 et son esquisse, 367) ; dans cette peinture, on ressent plus encore que dans les photographies la pose du modèle sans véritable transposition en une scène de la vie quotidienne.

Le groupe de peintures où l'on reconnaît ce modèle ayant été produit aux environs de 1905, on ne peut préciser si l'on voit ici un coin de l'atelier du 65 rue de Douai, ou celui du 60 de la même rue, dans lequel Bonnard emménagea en 1905.

 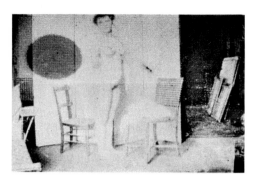 

197 - Modèle debout de trois quarts, les mains croisées derrière le dos, la tête penchée vers la gauche
Epreuve originale ancienne tirée sur la même feuille (négatifs séparés) que les n⁰ˢ 203, 202 et 204 ; 3,8 × 5

198 - Modèle debout de trois-quarts, la main gauche derrière le dos
Epreuve originale ancienne tirée sur la même feuille que les n⁰ˢ 199, 200 et 201 ; 3,8 × 5,1
Inscription au verso de cette feuille de la main de Bonnard : *Modèles dans l'atelier*

199 - Modèle assis de face
Epreuve originale ancienne tirée sur la même feuille que les n⁰ˢ 198, 200 et 201 ; 3,8 × 5,1

200 - Modèle debout appuyé sur sa jambe gauche
Epreuve originale ancienne tirée sur la même feuille que les n⁰ˢ 201, 198 et 199 ; 3,7 × 5,1

201 - Modèle debout, de dos
Epreuve originale ancienne tirée sur la même feuille que les n⁰ˢ 200, 198 et 199 ; 3,7 × 5,1

Chapitre 22 : Séjour au bord de la mer - juillet 1904 ou août 1906 ?

Ces deux portraits, réalisés semble-t-il sur une plage de la Manche, sont difficiles à situer et à dater. On notera un séjour de Bonnard à Varengeville, près de Dieppe, en juillet 1904 et un séjour à Wimereux, près de Boulogne-sur-Mer, en août 1906. Une des photographies de la série du modèle de 1905 (n⁰ 197) étant tirée avec les trois images de cette série, on peut imaginer que les prises de vue ont été réalisées à une date assez voisine. Peut-être s'agit-il d'une plage de Belgique ou de Hollande photographiée au moment du voyage sur le yacht d'Edwards (chapitre 23). Quant à la maison de la fin du XIXᵉ siècle que l'on voit ici, il ne saurait s'agir, malgré quelques ressemblances, de la maison de la mère de Roussel à L'Etang-la-Ville, bien que Bonnard y ait séjourné également en 1904 et 1906.

202 - Portrait d'un personnage indéterminé sur une plage, en costume et chapeau
Epreuve originale ancienne tirée sur la même feuille que les n⁰ˢ 204, 203 et 197 ; 3,7 × 4,8

203 - Pierre Bonnard sur une plage, en costume et chapeau
Epreuve originale ancienne tirée sur la même feuille (négatifs séparés) que les n⁰ˢ 197, 202 et 204 ; 3,8 × 5

204 - Une maison avec un escalier et un balcon de bois
Epreuve originale ancienne tirée sur la même feuille que les n⁰ˢ 202, 203 et 197 ; 2,8 × 5

Pierre Bonnard fit au moins deux croisières sur le yacht de Misia et d'Edwards, *Aimée* (transcription du jeu de mot phonétique, E pour Edwards et M pour Misia) [1], sur lequel Maurice Ravel allait travailler plus tard à *Daphnis et Chloé*. La première, au mois de juin 1905, devait le mener à Amsterdam par la Meuse. Il en rapporta un carnet de croquis (coll. part.). C'est lors du second voyage, auquel participèrent outre Bonnard, Marthe et le chien Black, les Edwards et Cipa Godebski, en juillet et août 1906, que l'artiste prit cette série de photographies. Par des cartes envoyées par Bonnard à sa mère ou reçues de Vuillard, on connaît son itinéraire. Après avoir été quelque temps à bord du yacht, il revient à Paris le 14 juillet puis part pour Wimereux et Ostende où il rejoint l'*Aimée*. Après un second séjour en Belgique et Hollande, il se retrouve fin août début septembre près de Valvins où le yacht est amarré [2]. C'est en 1906 que Bonnard achève le tableau (Dauberville 417) qui représente Misia, Edwards et Cipa assis sur le pont du yacht (planche XIV). Dans un carnet de croquis Bonnard a également dessiné Edwards portant le même costume rayé que sur la photographie n° 207 et Misia étendue sur une chaise longue dans une robe de mousseline. [3]

[1] *Cf. Antoine Terrasse, 1987, n.p., qui y décrit ses deux croisières.*

[2] *Lettre à sa mère (coll. part.).*

[3] *Reproduit dans A. Terrasse, 1987, n.p.*

205 - Le départ d'Edwards du Grand-Lemps
Epreuve originale ancienne ; 4,1 × 5,6

206 - Le pont de l'*Aimée*
Epreuve originale ancienne ; 3,6 × 5,3

207 - Misia et Edwards assis sur le pont
Epreuve originale ancienne ; 3,7 × 4,5

208 - Misia tenant son griffon, à l'arrière du bateau
Deux épreuves originales anciennes ; 3,7 × 5,1

209 - Cipa Godebski debout sur le pont du bateau
Epreuve originale ancienne ; 3,8 × 5,2
Planche 79

210 - Cipa Godebski sur le pont du bateau ; à gauche à l'arrière-plan, Marthe assise et Black couché à ses pieds
Epreuve originale ancienne ; 3,7 × 5,2

211 - Black dormant aux pieds de Marthe
Trois épreuves originales anciennes ; 3,7 × 5,2
Planche 80

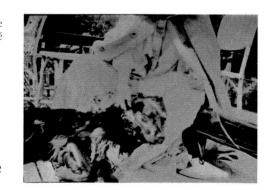

Les trois photographies de ce chapitre ont été prises lors d'un séjour dans une maison de la campagne des environs de Paris qui précède la première location de Vernon en 1910 (chapitre 25). Il s'agit sans doute d'une des deux maisons de Vernouillet où l'artiste séjourna en 1907, puisque *La Toilette* (voir plus loin) datant de cette même année montre le même décor que Marthe au tub (n° 214).

Le portrait de femme et l'autoportrait de Bonnard, présentés comme photographies anonymes [1], proviennent indubitablement de négatifs de Bonnard, et sont dans l'esprit des images plus monumentales qu'il réalise en photographie dans les années 1910. Le premier plan flou, qui évoque la mise en page de Marthe au tub (n° 214) et dans une certaine mesure celle de *Marthe à Vernon* (n° 216) donne l'apparence d'un voile sur le négatif. Il ne saurait s'agir d'un coin de table puisqu'on le perçoit distinctement sous le bras de Bonnard (n° 213).

Derrière l'artiste, on entrevoit à gauche de la porte d'entrée de la maison, une table de toilette et un tissu que l'on retrouve à droite au fond de la pièce où Marthe se lave dans un tub (n° 214). Cette photographie constitue le point de départ d'une recherche de l'artiste consacrée à des scènes de tub dont la figure nue est représentée frontalement. Ce thème fera l'objet d'une série de dessins (carnet de 1912, collection particulière), d'une affiche pour le Salon d'Automne de 1912 (Bouvet 79) et de quelque sept peintures achevées de 1913 jusqu'aux environs de 1924 (Dauberville 773, 1913 ; 886, 1916 ; 896, vers 1917 ; 933, 1918 ; 2105, vers 1916 ; 2130 et 2131, vers 1917 ; 1280, 1924). Plusieurs de ces compositions reprennent différents motifs de la photographie, comme la porte et la table juponnée, ainsi que le carrelage du sol. L'attitude de Marthe est ici très proche de celle des peintures et notamment des Dauberville 886 et 2131. Ce thème disparaît ensuite pour faire place à la série des nus à la baignoire. Par ailleurs la table de toilette et la glace (dont on aperçoit un morceau en haut à droite de la photographie) apparaissent dans un tableau que l'on peut dater de 1907, *La Toilette* (Dauberville 486) et dans *La Glace du cabinet de toilette* de 1907 ou 1908 (Dauberville 488) et se retrouvent dans *La Toilette au bouquet rouge et jaune,* antérieure à 1913 (Dauberville 772). Dans le *Nu à contre-jour* de 1908 (Dauberville 481), Bonnard réaménage le décor du lieu pour créer l'effet de lumière, faisant passer une fenêtre de la façade latérale de la maison (n° 212) à côté de la table de toilette.

On sait que Bonnard travaillait beaucoup de mémoire, et que par ailleurs les dates proposées correspondent souvent à l'achèvement de tableaux commencés plusieurs années auparavant. Ceci montre le prolongement que pouvait connaître un même motif dans l'œuvre de l'artiste ; et en l'occurrence, la photographie semble bien avoir précédé toutes les versions graphiques et picturales qui se trouvent là encore complètement repensées, bien qu'elle nous présentait déjà une composition parfaitement élaborée.

[1] *Exposition Bonnard, MNAM, 1984, p. 220.*

212 - Femme assise à une table
Négatif original ; 8 × 5,5

213 - Bonnard assis à une table
Négatif original ; 8 × 5,5

214 - Marthe au tub
Négatif original ; 7,8 × 5,5
Planche 59

Chapitre 25 : Séjour à Vernon - vers 1910-1915

C'est en 1910 que Bonnard se rendit pour la première fois à Vernonnet, près de Vernon, dans le département de l'Eure. Il loua là une propriété, «Ma Roulotte» qu'il acheta en 1912. L'artiste fit en compagnie de Marthe de fréquents séjours à Vernon, même après avoir acheté en 1925 la villa «Le Bosquet» au Cannet. Il devait vendre la maison de Vernonnet en 1938.

Tout au long de ces séjours, Bonnard exécuta de nombreuses peintures et notamment une toile où l'on aperçoit, comme dans les n°s 215 et 216, la terrasse de «Ma Roulotte» donnant sur la Seine (*La Terrasse à Vernon* de 1928, Dauberville 1389).

De Vernon, Bonnard rendit de fréquentes visites à Monet et le photographia au moins une fois, dans le parc de Giverny peu après 1912. Les archives Bonnard contiennent aussi un négatif de même format montrant Monet en visite chez Bonnard et Marthe à Paris, mais cette scène a été prise par une autre main, sans doute à la demande de Bonnard, et n'est pas incluse dans le catalogue.

215 - Marthe assise devant «Ma Roulotte» en
compagnie de Black
Epreuve originale ancienne ; 5,8 × 8,3

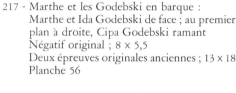

216 - Marthe assise sur la terrasse de la maison,
en compagnie de Ubu
Négatif original ; 8 × 5,5
Planche 60

217 - Marthe et les Godebski en barque :
Marthe et Ida Godebski de face ; au premier
plan à droite, Cipa Godebski ramant
Négatif original ; 8 × 5,5
Deux épreuves originales anciennes ; 13 × 18
Planche 56

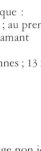

218 - Claude Monet (et un personnage non iden-
tifiable) marchant dans une allée de Giverny
Négatif original ; 8 × 5,5

Chapitre 26 : *Modèle dans l'atelier de l'artiste - vers 1916*

On reconnaît ce modèle dans plusieurs tableaux de Bonnard, datés des environs de 1916, et notamment dans le *Buste de femme couchée*, la *Jeune femme en chemise, allongée* et la *Jeune femme à la gorge découverte* (Dauberville 2106, 2107, 2108). On le retrouve également dans quelques portraits datés de la même année, représenté en buste ou à mi-corps.

Dans les photographies nᵒˢ 219 à 221, Bonnard fait véritablement œuvre de portraitiste et donne un caractère assez monumental au personnage. La photographie du modèle se déshabillant nous montre un coin de l'atelier du 22 rue de Tourlaque, que Bonnard occupa de 1911 jusqu'à sa mort. Comme dans de nombreux tableaux, il joue admirablement de l'effet de miroir ; on y voit notamment se refléter le buste d'Antinoüs que l'on aperçoit très distinctement dans la réunion de famille rue de Douai (nᵒ 169) et que l'artiste a représenté dans une de ses rares peintures montrant un aspect de son atelier, la *Nature morte au buste d'Antinoüs*, vers 1925 (Dauberville 1306).

Le Musée d'Orsay a acquis en 1985 sur le marché parisien trois épreuves de cette série (nᵒˢ 219, 220 et 222) qui furent données par Bonnard à ce modèle.

219 - Modèle debout, en chapeau, devant la porte
de l'atelier
Négatif original ; 8 × 5,5
Epreuve originale ancienne ; 8,8 × 5,9
Agrandissement de l'époque sur papier
argentique ; 13 × 18

220 - Modèle debout, devant la porte de l'atelier
Négatif original ; 8 × 5,5
Epreuve originale ancienne ; 8,8 × 5,9
Agrandissement de l'époque sur papier
argentique ; 13 × 18

221 - Modèle tenant un chat dans ses bras
Négatif original ; 8 × 5,5
Agrandissement de l'époque sur papier
argentique ; 13 × 18
Planche 57

222 - Modèle retirant sa blouse dans l'atelier de
l'artiste
Négatif original ; 8 × 5,5
Epreuve originale ancienne ; 8,8 × 5,9
Agrandissement de l'époque sur papier
argentique ; 13 × 18
Planche 58

Bonnard professait une vive admiration pour Auguste Renoir, le seul artiste dont il réalisa une effigie en gravure. Ces deux portraits photographiques auraient pu voir le jour lors d'une rencontre entre les deux artistes, vers 1916. Bien que Bonnard s'en soit manifestement inspiré pour son portrait à l'eau-forte (Bouvet 84), rien n'atteste qu'ils soient son œuvre. En effet, ces épreuves (elles proviennent des archives de Bonnard) sont différentes de celles que l'on connaît de l'artiste, et ne présentent pas les habituels défauts techniques que l'on retrouve sur les négatifs de cette période. Le négatif du portrait de Renoir (n° 223) se trouve dans les archives de Claude Monet (il faut exclure cependant que la photographie soit de ce dernier, comme il a été écrit), et à défaut d'avoir pu le comparer à ceux de Bonnard, il est impossible de se prononcer.

223 - Auguste Renoir
   Epreuve originale ancienne ; 10,2 × 7,6
   Inscription au verso de la main de Bonnard :
   Renoir
   Cf. l'eau-forte de Bonnard, *Portrait de Renoir*
   (Bouvet 84)

224 - Auguste et Jean Renoir
   Epreuve originale ancienne ; 10,2 × 7,6
   Inscription au verso de la main de Bonnard :
   Renoir

Annexe : Photographies d'Edouard Vuillard prises au Grand-Lemps - printemps 1900

Cette annexe réunit un ensemble de photographies de Vuillard (quatre négatifs et trois épreuves provenant d'autres négatifs) prises au Grand-Lemps, lors d'un séjour que Bonnard, Vuillard et Roussel passèrent en commun dans la propriété de Mme Eugène Bonnard. Ces images (planches 81 à 84 et planches XVI-1 et 2) furent données par leur auteur à Bonnard. Au cours de ce séjour, celui-ci réalisa aussi un groupe de photographies (n°ˢ 100 à 107), et l'image A de Vuillard nous montre précisément l'artiste en train d'opérer : il prend un portrait de Renée au moment où celle-ci tourne la tête vers l'objectif de Vuillard (planche 41, n° 103).

A - Bonnard photographiant Renée ; Roussel de dos et une autre petite fille
Négatif original
Planche 81 et détail planche 82
Cf. planche 41

B - Bonnard avec Renée et une autre petite fille ; à l'arrière-plan Roussel accroupi, et l'ombre de Vuillard au premier plan
Négatif original
Planche 85

C - Bonnard chatouillant Renée assise sur ses genoux
Epreuve originale ancienne ; 8,3 × 8,8
Planche XVI-2

D - Le repas de Vivette : Mme Mertzdorff donnant à manger à Vivette, Renée et plan coupé d'une petite fille à droite
Négatif original
Planche 84

E - Autour d'une table : Bonnard (?) tenant Renée dans ses bras, Mme Mertzdorff, une petite fille et une domestique tenant Vivette sur ses genoux
Epreuve originale ancienne ; 8,2 × 8,6
Planche XVI-1

F - Roussel de dos, Mme Mertzdorff, Renée et
une autre petite fille
Négatif original
Planche 83

G - Mme Eugène Bonnard, Misia et Ida Godebska
Epreuve originale ancienne ; 8 × 8,9

PLANCHES COULEURS

Figure 1 *Nu sur fond de verdure*
Huile sur toile
1894
140 × 60
Dauberville 73
Collection particulière

Figure 2 *Façade du château Sarazin au Grand-Lemps*
Mine de plomb
Feuillet 34 verso d'un carnet de croquis de 1894-95
Collection particulière

Figure 3 *Les trois enfants nus* (dansant)
Huile sur toile signée en haut à gauche
Peint durant l'été 1899, selon Charles Terrasse
67 × 52
Dauberville 194
Collection particulière

Figure 4 *La Baignade au Grand-Lemps*
Huile sur toile signée en bas à droite
1899
35,2 × 41
Dauberville 191
Collection particulière

Figure 5 *La Baignade au Grand-Lemps*
Huile sur toile signée en haut vers la droite
1899
36 × 43
Dauberville 192
Collection particulière

Figure 6 *Enfants au bassin*
Huile sur bois signée et datée en bas vers la gauche
99
50 × 71,5
Dauberville 1797
Collection particulière

Figure 7 *Les enfants Terrasse dans le jardin du Grand-Lemps*
(La verdure au basset)
Huile sur toile signée en bas à droite
Vers 1901
48 × 62
Dauberville 256
Collection particulière

Figure 8 *Portrait de Charles Terrasse enfant*
Huile sur carton
1903
47 × 34
Dauberville 1848
Collection particulière

Figure 9 Planche de *Daphnis et Chloé* (Bouvet 75)
1902

Figure 10 Planche de *Daphnis et Chloé* (Bouvet 75) 1902

Figure 11 Planche de *Daphnis et Chloé* (Bouvet 75) 1902

Figure 12 *Buste de femme couchée*
Huile sur toile signée en bas à droite
Vers 1916
Dauberville 2106
Collection particulière

Figure 13 *Portrait de Renoir*
Eau-forte
Vers 1916
27 x 20
Bouvet 84

Figure 14 Edouard Vuillard : Pierre Bonnard
tenant son appareil de photographie
Détail de la photographie présentée
au chapitre 7
(H.C. 3)

Bibliographie

Erika Billeter, *Malerei und Photographie im Dialog,* catalogue de l'exposition du Kunsthaus de Zurich, Berne, Benteli Verlag, 1979

Pierre Bonnard, *Correspondances,* Tériade éditeur (édition de la revue "Verve"), 1944

Francis Bouvet, *Bonnard, l'œuvre gravé,* Paris, Flammarion, 1981

Marguerite Bouvier, "Pierre Bonnard revient à la lithographie" *Comœdia,* 1943

Jean-François Chevrier, *Bonnard photographe,* catalogue de l'exposition Bonnard, Musée national d'Art moderne, Paris, 1984

Jean Clair, *Les aventures du nerf optique,* catalogue de l'exposition Bonnard, Musée national d'Art moderne, Paris, 1984

Sylviane de Decker-Heftler, "Le Nu photographique", *Photographies,* n° 6, 1984

Jean et Henri Dauberville, *Bonnard - Catalogue raisonné de l'œuvre peint,* 4 volumes, Paris, éditions Bernheim-Jeune, 1965-1974

André Fermigier, *Pierre Bonnard,* Paris, Cercle d'art, 1969

Claire Frèches-Thory, "Pierre Bonnard : tableaux récemment acquis par le Musée d'Orsay", *La Revue du Louvre,* n° 6, 1986

Claire Frèches-Thory, *Bonnard nabi,* catalogue de l'exposition "Hommage à Bonnard", Bordeaux, Galerie des Beaux-Arts, 1986

Françoise Heilbrun et Philippe Néagu, "Bonnard intime", *Beaux-Arts,* n° 11, 1984

Gabriel Josipovici, *Contre-jour, a tryptych after Pierre Bonnard,* Manchester, Carcanet Press, 1986

Philippe Le Leyzour, *Sur Bonnard - Propos et critiques, 1943-1985,* catalogue de l'exposition "Hommage à Bonnard", Bordeaux, Galerie des Beaux-Arts, 1986

Jean Leymarie, *Bonnard dans sa lumière,* catalogue de l'exposition de la Fondation Mæght, Saint-Paul-de-Vence, 1975

James Lingwood et al. *Staging the Self,* catalogue d'exposition de la National Portrait Gallery, Londres, 1986

Thadée Natanson, *Le Bonnard que je propose,* Genève, Art-Documents, 1950

Thadée Natanson, *Peints à leur tour,* Paris, Albin Michel, 1948

Jacques Salomon et Annette Vaillant, "Vuillard et son Kodak", *L'Œil,* avril 1963

Jacques Salomon, *Vuillard,* Paris, Gallimard, 1968

Jacques Salomon, *Propos sur l'amitié de K.-X. Roussel et Edouard Vuillard,* catalogue de l'exposition "Edouard Vuillard, K.-X. Roussel", Orangerie des Tuileries, Paris, 1968

Antoine Terrasse, *Bonnard,* Genève, Skira, 1964

Antoine Terrasse, *Pierre Bonnard,* Paris, Gallimard, 1967

Antoine Terrasse, *Pierre Bonnard, dessins et aquarelles,* galerie Claude Bernard, Paris, 1977

Antoine Terrasse, *Degas et la photographie,* Paris, Denoël, 1983

Antoine Terrasse, *Eléments de biographie,* catalogue de l'exposition Bonnard, Musée national d'Art moderne, Paris, 1984

Antoine Terrasse, *Les notes de Bonnard,* catalogue de l'exposition Bonnard, Musée national d'Art moderne, Paris, 1984

Antoine Terrasse, *Bonnard en Hollande,* catalogue de l'exposition "Salon de Fontainebleau", Fontainebleau, 1987

Charles Terrasse, *Bonnard,* Paris, Henri Floury, 1927

Charles Terrasse, "Maisons de campagne de Bonnard", *Forme et couleurs,* 1944

Annette Vaillant, *Bonnard,* Neuchâtel, Ides et Calendes, 1965

Juliet Wilson Bareau, "Edouard Vuillard et les princes Bibesco", *La Revue de l'Art,* n° 74, 1986

Achevé d'imprimer le 30 août 1987
sur les presses héliographiques des Etablissements
Hautes-Vosges Impressions, Saint-Dié,
pour le compte de Philippe Sers Editeur, à Paris

Réalisation graphique A. Artiglia